Christoph Gottlieb von Murr

Merkwürdigkeiten der Residenzstadt Bamberg

Christoph Gottlieb von Murr

Merkwürdigkeiten der Residenzstadt Bamberg

ISBN/EAN: 9783337320393

Printed in Europe, USA, Canada, Australia, Japan

Cover: Foto ©ninafisch / pixelio.de

More available books at **www.hansebooks.com**

Merkwürdigkeiten

der

Fürstbischöflichen Residenzstadt

Bamberg.

Von

Christoph Gottlieb von Murr.

Accipe nunc Babeberga tuas clarissima laudes!

―――――♦―――――

Nürnberg,
in der Grattenauerischen Buchhandlung. 1799.

Vorbericht.

Bamberg ist die Vaterstadt *) meiner Vorfahren. Eine längst gehägte Vorliebe, eine beträchtliche Sammlung Bamberg betreffender Schriften, und mein angenehmer Aufenthalt daselbst in den

---

*) Heinrich Murr ward daselbst 1394 gebohren. Dessen Sohn Friedrich, geb. 1429 verheurathete sich mit Margareta Sporerinn 1457, und zog 1481 von Bamberg nach Nürnberg. Sein zweyter Sohn, Hanns Murr, geb. 1481, heurathete daselbst 1498 Elisabet Leysinn, und pflanzte sein Geschlecht fort. Der ältere, Johannes, geb. 1478, wurde 1510 Presbyter des deutschen Ordens zu Langensteinbach, wo er im December 1518 starb.

Vorbericht.

den Jahren 1775 und 1790, erzeugten in mir den Vorsatz, eine Beschreibung der vorzüglichsten Merkwürdigkeiten dieser Residenzstadt aufzusetzen. Im J. 1760 fand ich unter verschiedenen bambergischen Deductionen zween geschriebene Bogen, mit der Aufschrift: Specificatio des hohen Domb-Schatzes. Es war zwar ein bloßes Reliquienverzeichniß; es setzte mich aber doch in Stand, Gewicht, und Edelgesteine der Einfassungen und Verzierungen so genau, wie in meiner Beschreibung der Reichskleinodien, anzugeben. Ich setzte meine Sammlungen fort. Bambergische Gönner und Freunde verehrten mir wichtige Beyträge dazu, oder erzeigten mir doch viele Gefälligkeiten, wovon ich außer den in dieser Schrift genannten, noch die Namen der bereits entschlafenen würdigen Männer, von Leygeber, Ledergerb, Heyberger, Pfeufer, Schott, Schmittlein, Busäus, Fröhling, Reizer, Grundel, Schramm;

Vorbericht.

Schramm; so wie der noch lebenden Herren Schuberth, Caramé, Möhrlein, Jacobs, Weber, Gönner, Markus, Roppelt, Lautensack, Schellenberger, Weyermann, Johann Vogel, Adam Schmitt, Stephan Tavernier, u. a. hier öffentlich zu rühmen habe.

Reisenden ist vorzüglich dieses Buch, welches ich der Nachsicht Billigdenkender empfehle, gewidmet. Ich nahm sehr auf Litteratur Rücksicht; jedoch habe ich auch die topographischen Schriften der Herren Schuberth, Pfeufer, Wehrl und Schneidawind benützt.

Der sel. Herr Johann Sebastian Schramm,*) der seit 1748 bis 1790 den 14 Oct.

---

*) Sein Leben wird im vierten Bande des Journals von und für Franken, S. 210 — 221 erzählt;

Vorbericht.

Oct. die Stelle eines Chorrektors bey der obern Pfarrkirche bekleidete, und den ich schon seit 1775 kannte, übergab mir 1790 seine dreyßig Quartblätter starke Handschrift zu meiner Disposition, wie er sich ausdrückte. Sie hat die Aufschrift: Aechte Nachrichten aller Merkwürdigkeiten des Bistumbs Bamberg zum nutzen der reisenden von einem Bambergischen Liebhaber deren Alterthümer beschrieben ꝛc. 1789. Zum Drucke war sie völlig unbrauchbar. Denn für mich taugten blos einige lokale Nachrichten von Denkmälern in den Kirchen, wie jeder, der sie bey mir sieht, gestehen muß. Dem guten Manne fehlten Sprach- und Litteraturkenntnisse, und es ist Schade, daß er nicht ordentlich studirt hat. Er würde vorzüg-

zählt; aber sein Taufnahme ist daselbst mit dem seines Vaters verwechselt worden. Journal von und für Deutschland 1791. S. 770.

Vorbericht.

vorzüglich vieles in der Naturgeschichte geleistet haben. Er legte am ersten in Bamberg eine Naturaliensammlung an. Im Jahre 1775 und noch mehr 1790 im Julius, als er schon mit der Wassersucht *) geplagt war, bezeigte er mir außerordentliches Zutrauen und Höflichkeit. Er war ein Mann ohne Furcht und Aberglauben. Noch am Tage vor seinem Ende ließ er mir durch Herrn Pfarrverweser Schellenberger auch sein Manuscript von den Bambergischen Münzen anbieten. Ich hoffe aber, daß es in Bamberg einen Herausgeber finden werde. Ich habe selbst vieles von Bambergischen Münzen gesammlet, und lege im fünften Abschnitte alles dar, was mir davon bekannt

---

*) Der vorige gütige Fürst schickte ihm seinen Leibmedikus, Herrn Hofrath Adalbert Friedrich Markus, und both ihm einen Hofwagen zum Gebrauche an.

Vorbericht.

kannt ist. Seine Sammlung von Kunstsachen, Naturalien ꝛc. hat er dem Höchstsel. Fürsten vermacht, und sie verdient einen Platz neben der schönen Universitätsbibliothek, so wie die von den Jesuiten zurückgelassenen Münzen, und Seltenheiten.

Nürnberg, den 15 März,
1799.

Merkwürdigkeiten
der
Fürstbischöflichen
Residenzstadt Bamberg.

A

Verzeichniß der vorzüglichsten Schriften, welche Bamberg betreffen.

Von dem heil. Heinrich und Kunegund.

Alpertus, monachus metensis, circa 1024, de diversitate temporum ab Ottonis III obitu, usque ad a. 1018. ap. Eccard. Scriptor de rebus corp. histor. medii aevi, Lipf. 1723. fol. T. I, n. 9, pag. 91 seq.

Adelboldus (episcop. Vltrai. 1008, et Henrici II. Cancellarius † 1027) de vita Henrici S in Laur. Surii Actis Sanctor. m. Iul. p 190. und ap. Leibnit. Scriptor rerum Brunsuic. T. I, Hannov. 1707. pag. 430 seq.

Inter opp. Gretseri, T. X, Ratisb. 1737. fol. pag. 540 — 550.

In Ludewigii Scriptor. rerum Episcopatus Bamberg. Vol. I, col. 790 — 813. Frft. et Lipf. 1718. fol. 2. Vol. c. fig.

Acta S. Henrici Romanorum Imperatoris collecta, digesta et illustrata, a Ioh. Bapt Sollerio, S. I. In Actis SS. Antuerp. m. Iulii, T. III. pag. 711— 793. c. fig.

Es sind auch einige wenige Exemplare besonders abgezogen 83 folior. unter eignem Titel: Bambergensi Ecclesiae omnibusque sanctissimi Patroni piis clientibus Anno 1723. vom Verfasser Sollier dediciret worden.

Vita S. Cunigundis S. Kunegundis, Imperatricis.

Vita, ex MSS. edita. In Surii Vitis SS. d. 3. Mart. pag. 42 — 47.

Eadem, ex antiquis membranis, auctior et correctior edita, et notis illustrata a Iac. Gretsero, in Diuis Bambergensibus, Ingolstadii, 1611. 4. et in eius Opp. T. X, pag. 551 — 567. Ratisbonae, 1737. fol.

Eadem Vita, ex variis MSS. et antiquis editionibus, cum commentario praeuio, et notis, additis miraculis. In Actis Sanctor. Antuerp. Mart. T. I, p. 266 — 282.

Eadem, cum commentario praeuio et notis Ioh. Mabillon. In Actis SS. Ordinis S. Benedicti, Secul. VI, P. I, p. 451 — 468.

Eadem, ap. Ludewig Scriptor. Bamberg. Vol. I, col. 345 — 371;

De S. Cunigunde, Imperatrice, Virgine, Coniuge, Vidua, demum Sanctimoniali Benedictina, Confugiae et Bambergae in Germania, Commentarius Papebrochianus; col. 371 — 392.

Conr. Sam. Schurzfleisch diss. de innocentia Cunigundis. Vitembergae, 1700. 4.

Nic. Hieron. Gundling von der heiligen Kunigunda, und derselben vermeinter Keuschheit. Otiorum P. 3, Franff. und Leipz. 1707. 8. p. 151 — 213.

Ioh. Heumanni Commentarii de re diplomatica Imperatricum Augustarum ac Reginarum Germaniae. Norimb. 1749. 4. mai. pag. 150 — 163.

Iac. Gretseri Diui Bambergenses, Henr. II, Cunegundis, et Otto, Episc. Bamberg. cum Diplomatibus. Ingolst.

Ingolst, 1611. 4. In Ludewigii Scriptor. rerum Bamberg. T. I, n. 2, col 269—785. Paralipomena ad Vitam S. Henrici et S. Kunegundis. col. 785—789. In Gretseri Opp. Ratisbonae, 1737. fol. mai. T. X, p. 496—669.

Ioh. Henr. Felz diss. II. ex historia Henrici I. Imp. selecta quaedam. Argent. 1712, 1714. 4.

Ioh. Petri a Ludewig Scriptores rerum Episcopatus Bambergensis. Tomi II. Francof. et Lips. 1718. fol. cum fig.

Ioh. Dauidis Koehleri diss. de Ardoino, Marchione Eporediae, electo post Ottonem III, et ab Henrico I. Aug. profligato rege Italiae. Altdorf. 1730. 4.

Ioh. Iac. Mascov. de rebus Henrici II; in commentariis de rebus imperii rom. germ. a Conrado I. usque ad obitum Henrici III. Lips. 1741. gr. 4. pag. 192 seq.

Mantum Bambergense S. Henrici Caesaris, notis illustratum a P. Henrico Schüz, S. I. Ingolstadii, 1754. 4. cum 2 tabulis aen.

Die Legent vnd Leben deß Heyligen Kayser Heinrichs ꝛc. Getrukht in der christlich Statt Nürnberg von Hanß mair am St. Kunigundtag in der fasten nach Christi gburth da man gezchlt MCCCClxxxiij jar. 4to. c. fig. In der Dom⸗ bibl. zu Bamberg.

Ohne es zu melden, legte Hanns Pfeyl sie wieder auf.

Dye legend vnd leben des Heyligen sandt Keyser Heinrichs, der nach crist vnsers Herrn geburt Tausent vnd ein tar Romischer kunig erwelt

erwelt worden ist. Vnd nach cristi geburt Tausent vnd dreuzehen iar von babst benedicto zu keyser zu Rom gekronet worden ist, vnd gestorben nach crist geburt Tausent vier vnd zwenzig iar.

Am Ende:

Nach Cristi vnnsers Herrn gepurt, Sunfftzehen Hundert vnd im Eylfften jare ist dyese Legend des Lebens der Heiligen patron vnd Stieffter des löblichen stieffts Bamberg sant Keyser Heinrichs, vnd seiner gemahel sant Kunigunden auß Latein in Tewtsch durch den geistlichen Herrn Nonnosium Custer des Closters auff dem Monchperg sant Benedicten ordens, getzogen, Vnnd durch mich Hanß Peyll daselbst getruckt. Ist 69 Quartblätter stark, mit Holzschnitten. Ist in der Ebnerischen Bibliothek.

Die weysung vnnd außruffung des Hochwirdigen Heylthumbs zu Bamberg, nach den rechten waren Heilthumb abgezeychnet. 1509 In Quart mit Holzschnitten. Der Drucker ist Hanns Pfeyl.

Andreae, Monast. S Michaelis prope Bambergam Abbatis, Vita S. Ottonis Babebergensis episcopi et Pomeranicae gentis Apostoii; Libri IV. inter diuos Bamberg. Ingolst. 1611. 4.

In Henrici Canisii Lection antiq. et edit. Iac. Basnagii, Tomo III, Parte II, pag. 35 - 96.

Eadem, correcta et emendata, cum commentario praevio et notis Ioh. Bapt Sollerii, e S. I. In Actis Sanctor. Antuerp. Iul. T. I, p. 349 – 425.

Alia

Alia, auctore, ut uidetur, Ebbone, monacho, ex MS. Bibliothecae Paulinae Lipsienf. nunquam antehac edita, cum notis Ioh. Bapt. Sollerii. Ibid. pag. 425—465.

Alia; In opp Gretferi, T. X, Ratisb. 1737. fol. mai. pag. 568—669; et apud Surium d. 2 Iul. p. 31.

La medesima; tradotta da Gio. Pietro Maffei; in eiusd. Vite di XVII. Confessori di Cristo. Roma, 1601 4. pag. 319—334.

Andreae, Abbatis Bambergensis, de Vita S. Ottonis libri IV, nunc primum ex membranis, Benedicto S. Caminiensis Ecclesiae Pontifici inscriptis editi, cum libris IV Andreae Gretferiani — collati, — et illustrati a Valerio Iaschio. Colbergae, 1681. 4.

Eadem uita; In Ludewigii Scriptoribus rerum Episcopatus Bambergensis, Vol. I, col. 393—785; cum obfervationibus Valerii Iafchii 1681; col. 596; et Hiftoriis Anonymi cum Hiftoria Andreae collatis, Libris III, col. 632 feq. Vitae Ottonis, ab Anonymo defcriptae, epitome; col. 727 etc. Collatio Hiftoriae Andreae Gretferiani et Iafchiani, col. 742 feq.

* * *

Topographische Schriften von Bamberg.

Martini Hofmanni Vrbs Bamberga, et Abbates Montis Monachorum prope Bambergam, elegiae uersu descripti Noribergae, 1595. 4. Recuf. in Ludewigii Vol. I. Scriptor. Bamberg N. IV, pag. 876—931.

Andr. Goldmayrs Histor. astronom. und astrologische Beschreibung vom ersten Ursprung und Erbauung der Bischöfflichen Residenz Stadt Bamberg.

Nürnberg, 1644. 4. In Ludewigs Scriptor. Episc. Bamberg. col. 984—1007.

Blainville Reisebeschreibung durch Holland, Oberdeutschland, und die Schweiz ꝛc. I Bandes, erste Abtheilung, Lemgo, 1764. gr. 4. S. 201-218.

J. G. Keyßlers neueste Reisen durch Deutschland ꝛc. 1730. Hannover, 1751. gr. 4. Zweyte Abtheilung, S. 1364 1380.

Friedr. Nicolai Beschreibung einer Reise durch Deutschland und die Schweiz im J. 1781. I Band; Berl. und Stettin, 1783. gr 8. S. 125-150. Unter mehrern Orten, die Nicolai sehr seicht beschrieben hat, ist das gute Bamberg am schlechtesten weggekommen. Fast alles, was er davon sagt, besteht in beleidigendem Geschwätze über Musik und über katholische Frauenzimmerphysionomien.

Geschichte der Pfarre zu U. L. Frauen in Bamberg. Von Andreas Augustin Schellenberger, Pfarrverweser. Bamberg, 1787, bey Vinz. Dederich. in gr. 8. mit Kupfern. Es wäre sehr gut, wenn mehrere geistliche Stiftungen so fleißig beschrieben würden.

Iuridica.

Iusti Veracii Consuetudines Principatus Bambergensis. 1681.

Des Landgerichts zu Bamberg Reformation. 1503. In Folio, 12 Blätter stark. Ist in der Ebnerischen Bibliothek. Weder Pütter, noch Selchow gedenken dieser Schrift. f. Panzers Annalen der ältern deutschen Litteratur, S 262.

Bambergische Halßgerichtsordnung. Bamberg, bey Hanns Pfeyl getruckt 1507. In Folio. 85 Blätter
mit

mit 22 Holzschnitten Iſt die erſte äußerſt ſeltene Ausgabe, welche Herr Panzer ausführlich beſchrieben hat, S 280, 281. Sie iſt in der Ebneriſchen Bibliothek allhier. Der Verfaſſer iſt der unſterbliche Freyherr Johann von Schwarzenberg († 1528.) ſ. Herrn Profeſſor Malblanks Geſchichte der peinlichen Gerichtsordnung Kayſer Karls V, S. 112 u. f.

Bambergiſche Halßgerichts Ordenung, Getruckt zu Mentz durch Johannem Schöffer vff Mitfaſten 150.. In Folio. 52 Blätter. Iſt die erſte Mainzer Ausgabe, in welcher die ſämtlichen Holzſchnitte der Originalausgabe ſchlecht copiirt ſind. Panzer, l c. S. 29;. Iſt in der Schwarziſchen Sammlung in Altdorf.

Bambergiſche Halßgerichts vnd rechtlich ordnung, u. ſ. w. Getruckt zu Mentz durch Johann Schöffer vff Bartholomei. 150?. In Folio; iſt die zwote Mainzer Auflage, mit den nämlichen Holzſchnitten. Herr G. R. Zapf in Augsburg beſitzet ſie, und hat ſie in dem erſten Theile der Merkwürdigkeiten ſeiner Bibliothek S. 195, n. XXI. beſchrieben.

Bambergiſche Halsgerichts, vnd rechtlich Ordenung, ꝛc. Am Ende: Getruckt zu Mentz durch Johannem Schöffer anff Symonis vnd Jude, 1508. 52 Folioblätter, mit den nämlichen Holzſchnitten. Iſt in der Ebneriſchen Bibliothek. Herr Prof. Malblank führt ſie S. 136 an; die beyden vorigen ſcheinen ihm unbekannt geblieben zu ſeyn. Panzer, l. c. S. 296.

Herr G. R. und Referendär Matthäus Pflaum gab heraus:

Entwurf einer nenen Bambergischen Geſetzgebung.
Bamb. 1792. Erlangen, 1793. 8.

* * *

Bambergiſcher Receß, wie es etlicher Artikul halb in den Bambergiſchen Herrſchaften in Cärnthen gehalten werden ſoll, vom 27 Jäner, 1535. Bamberg, 1736. 4.

* * *

Streitigkeit zwiſchen Bamberg und Brandenburg, wegen der Landesherrl. Gerechtſame über Fürth.

1716. Kurze doch gründliche Vorſtellung des Hochfürſtl. Hauſes Brandenburg-Onoldsbach competirender Iurium über den Marktflecken Fürth etc. mit Beylagen A—Ff. 20 ¼ Bogen.

Iſt eine ſeltne Deduction. ſ. die Staatskanzley, T. 30, p. 346. und T. 31, p. 132.

Hieher gehören die übrigen Deductionen, in C. S. von Holzſchuhers Deductionsbibliothek, I Th. S. 267-274.

Urkunden-Buch zu der in Akten und Rechten beſtgegründeten Ausführung der ſeit Jahrhunderten, zwiſchen dem Hochſtift und der Domprobſtey Bamberg, dann dem Hochfürſtl. Hauſe Brandenburg Onolzbach, über die rechtliche Obrigkeit in dem Marktflecken und Amte Fürth obgewalteten Differentien. 1785. 3 Theile, in Folio.

Alle dieſe Streitigkeiten ſind der völligen Beendigung nahe.

Streitigkeiten mit den Brandenburgiſchen Häuſern des Fränkiſchen Kreiſes Ausſchreibamt und Directorialrecht betreffend.

Die

Die sämtlichen hieher gehörigen Deductionen von 1746-1764 kann man in der von Holzschuherischen Deductions-Bibliothek im III Band, S. 1651-1653. ersehen.

Vorläufige in der Wahrheit vestgegründete Nachricht, was es mit dem Ausschreibamt in dem Fränkischen Reichs-Crayß für eine Beschaffenheit hat ꝛc. Onoldsbach, 1748. 1751. fol.

Ignat Christ. Lorberi de Stoergen Dissertatio de Iure Directorii in Circulo Franconico sede Bambergensi uacante, illustrissimo Ecclesiae Imperialis Bambergensis Capitulo indubie competente. Bambergae, 1746. 4.

Gründliche Abhandlung der Frage, ob das Dom-Capitel zu Bamberg sede uacante, in Ansehung des Mit-Ausschreib-Fürsten-Amts und Condirectorii in dem löblichen Fränkischen Creiß die Person eines regierenden Bischoffs daselbst repraesentiren könne? 1740. fol.

Facti Species wie es sich mit dem Ausschreib-Amt sive Directorio Circuli generali, dann der directione particulari zwischen Bamberg und Brandenburg bisher verhalten. 1753. fol.

Streitigkeit mit Sachsen-Coburg, die Landes- und Steuer-Herrschaft über Hemmendorf betreffend; und das Rittergut Ahorn.

Actenmäßiger Unterricht, und gründlicher Beweiß von der hohen Landes- und Steuer-Herrschaft des Fürstl. Hochstifts Bamberg über das Dorf Hemmendorf ꝛc. mit Anlagen sub lit. A — N. 1765. fol. 8 ½ Bogen.

Allerunterthänigste Exceptiones sub- et obreptionis iuncto petito legali in Sachen der im Hochf. Bambergisch.

bergischen Territorio gelegenen Gemeinde Hemmendorf contra ihren eigenen Landes - und Steuerherrn, Ihro Hochfürstl. Gnaden zu Bamberg; nebst einer gedruckten Beylage sub rubro: Actenmäß. Unterricht ꝛc. 1766. fol.

Pro Notitia in Causa der Gemeinde Hemmendorf contra das Hochstift Bamberg, die dasige Regierung und den Marsch=Commissarium Martin betreffend, puncto Mandati S. C. Mit Beylagen N. 1—7. 1767. 18 Sept. 34 Seiten. fol.

Der Verfasser war der Geh. Rath Joh. Melchior Heuschkel in Coburg.

Facti Species et succincta Deductio des dem Coburgischen Rittergut Ahorn auf verschiedenen Tambachischen Fluhr-Markungen zustehenden Iuris pascendi, in Sachen S. Coburg et Consorten contra Fürstl. Bambergisch. Regierung et Consorten. 1737. fol. 10 Bogen.

Streitigkeit mit den Brandenburgischen Häusern, wegen des Münz=Directorii.

Gründliche Nachricht von der wahren Beschaffenheit des Bambergischen Münz=Directorii. fol. 22 Bogen stark.

Diese Schrift ist wider eine vorhergehende Bambergische Deduction gerichtet, welche den Titel hat:

Feyerliche Vermahnung und rechtliche Verhältnus ꝛc.

Streitigkeiten mit der Reichsstadt Nürnberg.

1768. Von Betkörnern, nebst angefügter Deduct. sub Rubro. Nothdürftige Beleuchtung der von der löbl. Probstey zu St. Stephan in Bamberg, ihren Supplicis pro mand. et cit. beygefügten Deduct. betreff.

das

das auf den Gemeinden Neuhof, Boxdorf ꝛc. zu erzwingen gesuchtes Ius decimandi:

In Select. Nor. 1 Th. S. 221 — 241.

1774. Vertrag zwischen dem Hochstift Bamberg und der Reichsstadt Nürnberg, die vogtheyl. Jurisdiction über die in der Cent Vorchheim gelegene Nürnbergisch. steuerbare Unterthanen betreffend. 4.

Steht auch in Mosers Abhandlungen verschiedener Rechtsmaterien, 15 St. S. 641 - 656.

Man sehe auch Hrn. Prof. Wills Biblioth. Noricam, P. I, S. I, n. 882-891. und Sect. II, n. 1457-1466.

Streitigkeit mit dem fränkischen Ritter - Canton Gebürg.

Copia Recessus, welcher zwischen dem kaiserl. hohen Stift Bamberg ꝛc. und einer löbl. Reichsfrey - unmittelbaren Ritterschaft in Franken Orts Gebürg errichtet worden. 1700. d. 6 May. 18 Quartseiten.

Stehet auch in Ludewigs Scriptoribus rer. Episcop. Bambergens, P. I. col. 1071 - 1081.

Des Domkapituls zu Bamberg Confirmation des zwischen dortigen Hochstift und Ort Gebürg den 6 May 1700 getroffenen Vergleiches. 1700, den 19 Jul. 4. 1 Bogen.

In Lünigs Spicil. Eccles. II. Th. S. 1084; und Auszugsweise in Beck de Iurisdict. immed. uogt. p. 407, 409, 431.

1707. den 30 Jul. Copia fernerweit errichteten Recessus zwischen - - Bamberg und - - Orts Gebürg. 4. 1 Bogen.

In Lünigs Spicil. Eccles. II. Th. S. 1085.

Von Ihro R. K. Majestät allergnädigst confirmirter Collectations-Receß zwischen dem kaiserl. hohen Stift Bamberg und einer löbl. Rsfreyen unmittelbaren Ritterschaft in Franken Orts Gebürg und Baunach abgeschlossen. Bamberg, den 17 Sept. 1715. und confirmirt Wien d. 11 May 1716. 4.

Hochfürstl. Bambergische Verordnung, wie es bey Todesfällen ritterschaftl. Mitglieder zu halten; d. d. Bamberg, 2 Jun. 1766. 4. 1 Bogen.

Hochfürstl. Bambergische Verordnung, die Centfälle auf ritterschaftl. Gütern betreffend. d. d. Bamberg, 1 Sept. 1766. 4. 1 Bogen.

Streitigkeit mit dem Ritter-Canton am Steigerwald.

Collectations und Accessions Receß zwischen dem kais. Hochstift Bamberg und einer löbl. unmittelbaren Ritterschaft in Franken Orts am Steigerwald, abgeschlossen. Bamberg, den 15 Jun. 1767. 4. 3 Bog.

Streitigkeit mit den Freyherrn von Lüchau, pto der hohen und niedern Jagd.

Notitia Actorum in Sachen von Lüchau contra das Hochstift Bamgerg, Mandati etc. die hohe und niedre Jagd, auch Weydwerks-Gerechtigkeit zu Unterleinleiter betreffend. 4. 2 Bogen.

Kurze Species Facti in Sachen von Lüchau c. das kaiserl. Hochstift Bamberg etc. das condominium und andere angefochtene Iura zu Unterleinleiter betreffend ꝛc. mit angedruckten Beylagen A—D. fol. 7 Bogen.

Mit den Freyherrn von Rothenhahn, wegen Bau- und Frohndienste der halbirten Lehnleute und Güter zu Staffelbach.

Unter-

Unterthänigste Vorstellung loco Exceptionum sub - et obreptionis samt einer Hauptbeylag sub Sig. ☉, welche ihrer wahren Eigenschaft nach genennt wird: Rechtmässiger Besitz der Hochfürstl. Bambergischen hohen Landesherrschaft und des hieraus fliessenden richterlichen Amtes über das Dorf Staffelbach ꝛc. mit Beylagen A — R. 1758. in fol. 18 Bogen.

Die übrigen hieher gehörigen Deductionen sind in der v. Holzschuherischen Deductions-Bibliothek, III. B. S. 1203. u. f. angezeigt.

* * *

Historica, Ecclesiastica et Politica.

Facta et Imagines magnorum Praesulum Bambergensium ab Eberhardo I, S. Henrici Cancellario, usque ad Fridericum Carolum ex illustrissima Familia Comitum de Schoenborn. fol.

Bened. Schmidt diss. de praerogativis Episcopatus et Principatus Bambergensis. Ingolstadii, 1764. 4.

P. Ign. Lechneri, S. I. Concilia, Synodi, et Comitia facta Bambergensia etc. Resp. Ioanne Schott. Bamb. 1770. 4. mai.

Der eigentliche Verfasser war der nun verstorbene ruhmvolle Herr Respondent selbst, geheimer und geistlicher Rath und Dechant des Stifts zu St. Jakob.

Von eben diesem großen Canonisten ist

Diss. de iure perpetuae Legationis apostolicae per ecclesias Bambergensem, Ratisbonensem, Misnienfem Archiepiscopo Pragensi haud competente. Bamb. 1787. 4.

Car. Guil. Gaertner et Car. Gottl. Behrnauer de S. R. I. Electorum in primis Saxoniae, Feudis,

Feudis et Officiis Bambergensibus. Lipsiae, 1726. Recusa 1741. 4.

de Reider diss inaug. de iuribus Capitulorum sede uacante. Moguntiae, 1787. 4.

Wilh. Iohannis Heybergeri Ichnographia Chronici Babenbergensis diplomatica, siue Epitome diplomatico-historica. P I. continet origines Urbis et Episcopatus Babenbergensis. Bambergae, 1774. 4. Es ist Schade, wenn das, was der sel. Heyberger, ein wichtiger Name für Bambergs Geschichte und Diplomatik, gesammlet hat, nicht gedruckt würde.

Des Hrn Dechants von St. Gangolph, und G. R. Mich. Heinrich Schuberths historischer Versuch über die geist- und weltliche Staats- und Gerichtsverfassung des Hochstifts Bamberg; mit 2 Kupfern Siegel von 1137-1528. vom Bambergischen Ingrossisten, Adam Anton Heyberger. Erlangen, 1790. gr. 8.

Desselben Nachträge dazu. Bamberg, 1792. gr. 8. Mit schönen Urkunden.

Benignus Pfeufers, Bambergisch. Hofrath und geh. Archivars, Beyträge zu Bambergs topographischen und statistischen sowohl ältern als neuern Geschichte. Bamberg, bey Vinzenz Dederich, 1791. gr. 8. mit einem Kupfer des Schlosses Altenburg.

J. G. Wehrls Grundriß einer Geographie des Fürstenthums Bamberg. Frankf. und Leipz, 1795. gr. 8.

F. A. Schneidawinds Data zu einer bambergischen Gelehrten- und Künstler-Geschichte Erste Lieferung im Journal von und für Deutschland 1790. III. St. S. 205-211.

F. A.

F. A. Schneidawinds, Chronik der täglichen Begebenheiten zu Bamberg durch die acht letzten Monate des J. 1790; im Journal von und für Deutschland 1791. S. 760 - 781.

Desselben Chronik der täglichen Begebenheiten zu Bamberg durch die sechs ersten Monate des J. 1691. S. 781 - 796.

Desselben Skizze einer statistischen Beschreibung des kaiserlichen Hochstifts Bamberg; in dem vom Hrn von Rosenhahn herausgegebenen fränkischen Addreßbuche 1795. Der geschickte Verfasser erweiterte das Ganze, und daraus entstand folgende Schrift:

Versuch einer statistischen Beschreibung des kaiserlichen Hochstifts Bamberg. Ebendas. 1797. gr. 8. 2 Abtheilungen.

Im Journal von und für Franken, sind folgende Aufsätze, die Bamberg betreffen.

I. Band, Nürnb. 1790. 8. Berichtigung der im dritten Theile zu Weissenburg im Nordgau herausgegebenen geographischen Schriften, im Artikel Bamberg, aufgenommenen Fehler und Irrthümer. S. 167 - 188.

S. -33. Contribution der Stadt Bamberg bey dem Preußischen Einfall im J. 1758. unter dem General Driesen. Sie belief sich an baarem Gelde auf 171533 fl. 45¾ Kr.

II. Band 1791, S. 226 - 231. Fürstl. Bambergische Verordnungen vom J. 1790.

Ueber die im fürstlichen Krankenhause zu Bamberg verpflegten und behandelten Kranken vom 10 Nov. 1789 bis Ende des Decembers 1790, dann fernere Einladung zum Beytritt des Kranken-Dienstboten-Instituts. S. 440-442. War schon zuvor auf vier Quartseiten gedruckt.

S. 443, 444. Ausgezeichnete Belohnung einer Krankenwärterin (Margaretha Entresin) in dem fürstl. Krankenhause zu Bamberg. Aus dem Bambergisch. Intelligenzblatt, 1791. N. 9.

S. 625-692. F. A Schneidawinds einige Nachrichten, den Fürsten, das Domkapitel, und die verschiedenen Dikasterien zu Bamberg betreffend.

S. 701-703. Einige Nachrichten von dem Bambergischen Dorfe Sand am Mayn im Kastenamte Zeil.

IV. B. S. 393-422. Von der Rednitz, und von den Flüssen und Bächen, die sich in dieselbe ergiessen. 2c. Von J. G. Meusel.

S. 490-496. Public Spirit. in Bamberg, von F. A. Schneidawind.

S. 628-642. Schneidawind über die Handelsmessen zu Bamberg.

V. Band, S. 503-511. Von Herrn Pfeufers Beyträgen zu Bambergs topogr. und statist. Geschichte Bambergs.

S. 626-629. Einige Ergänzungen und Berichtigungen des obigen Meuselischen Aufsatzes.

VI. Band, S. 548-577. Vom Rangau. Ein Beytrag zur Geographie Frankens in den mittlern Zeiten.

Sam.

Sam. Wilhelm Oetters Beweis, daß die Schenkung mit Bamberg von K. Otto II. an den Herzogen Heinrich in Bayern ihre gute Richtigkeit habe. In den Bayreuther wöchentlichen historischen Nachrichten, Num. 29, 30, 31.

Ebend. Was den Kaiser Heinrich mag bewogen haben, in Bamberg ein Hochstift zu errichten? Num. 49, und 51.

Ebend. In welchem Jahre hat der Kaiser Heinrich das Hochstift errichtet? Num. 52.

Die Schriften von der Universität kommen unten vor.

Klem. Alois Baaders Reisen durch verschiedene Gegenden Deutschlands. Zweyter Band, Augsb. 1797. gr. 8. S. 253-312.

Adalbert Friedrich Markus Abhandlung von den Vortheilen der Krankenhäuser für den Staat. Bamberg und Wirzburg, 1790. gr. 8.

Alle Vierteljahre kommt heraus: Vierteljährige Uebersicht aller in dem hochfürstl. bambergischen Krankenhause verpflegten und geheilten Kranken. 8.

Im zweyten Hefte des ersten Bandes des Journals von und für Franken ist S. 180-188 eine lange Stelle aus S. 98. u. f. dieser schönen Schrift des Herrn Hofraths und dirigirenden Arztes Markus eingerückt.

Ebendesselben kurze Beschreibung des allgemeinen Krankenhauses zu Bamberg. Mit vier Kupfertafeln, Weimar, 1797. gr. 8.

Herrn D. Krapp Diſſ. de Salubritate Bambergenſi. 1795. 4. enthält einen Auszug aus den Beobachtungen des Herrn Profeſſors Jacobs über Kälte und Wärme, vom J. 1769 bis 1795.

* * *

Es kommt wöchentlich ſeit 1753 ein Intelligenzblatt in der Gertneriſchen Hofbuchdruckerey heraus, und ſeit 1796 ſchreibt Herr Prof. Gerard le Gley eine politiſche Zeitung. Er iſt Hofſprachmeiſter und öffentlicher Lehrer der franzöſiſchen Sprache an der Univerſität.

Bambergiſcher Hof - Staats - und Standskalender für das Jahr 1797. 8. Iſt bey Michael Gertner, Hof- und Domkapitulſchen Buchdrucker zu haben.

Bambergiſcher Stadt - und Landkalender auf das Jahr 1799. 4. Kommt bey eben demſelben jährlich heraus.

Bambergische Topographie.

Das kaiserliche Hochstift und Fürstenthum Bamberg bestehet in drey Hauptstädten:

Bamberg, Vorcheim, Kronach; in 16 Municipalstädten: Bothenstein, Burgkunstadt, Ebermannstadt, Herzogenaurach, Höchstadt, Hollfeld, Kupferberg, Lichtenfels, Scheßlitz, Stadtsteinach, Staffelstein, Teuschnitz, Vielsek, Welschenfeld, Weismain und Zeil; in 18 Marktflecken: Baunach, Burgebrach, Döringstadt, Eggolsheim, Enchenreuth, Fürth, Hallstatt, Ludwigschorgast, Marktgraiz, Marktleugast, Marktschorgast, Marktzeuln, Neuhaus, Neunkirchen, Nordhalben, Oberscheinfeld, Rothenkirchen, und Wachenroth, und in mehr als 1200 Dorfschaften, vieler andern Oerter nicht zu gedenken, die unter dem Lehenbande von ritterschaftlichen Gliedern besessen werden.*)

Oberämter sind 18; Vogtey- und Jurisdictionsämter 35.

Die Volksmenge des gesammten Fürstenthums kann man auf 195000 Seelen rechnen.**)

---

*) Pfeufer, S. 3. u. f.
**) Schneidawind Versuch einer statist. Beschreib. I. Abth. S. 10.

Das flache Land um die Residenzstadt herum ist ein herrlicher Fruchtgarten.

Das Amt Hallstatt ist voll des schönsten Feldbaues.

Das Amt Baunach ist das fruchtbarste an Wein, Hopfen und Getraide, so wie das Amt Staffelstein an Viehzucht und Obste.

Fischereyen und Tannenwälder hat vorzüglich das Amt Memmelsdorf.*)

An

---

*) Dicht an dem Orte Memmelsdorf liegt das Fürstliche Lustschloß Marquardsburg oder Seehof Ein Lusthaus, welches nach dem Geständnisse aller dahier gewesenen Fremden in Rücksicht auf Lage weniges seines Gleichen hat. Das ehemals also genannte Seehaus gehörte der Familie von Rotenhan zu Rentweinsdorf; von deren einem, Namens Veit, es im Jahre 1489 an den damaligen Bischof Heinrich aus dem Geschlechte der Groß von Trokau, mit allen Seen, Wiesen und Feldern um dreißig tausend Gulden rheinisch verkauft wurde; weil es zur Jagdlust so ungemein schön lag. Der Fürst Marquard Sebastian aus dem Geschlechte der Schenke von Stauffenberg baute gleich nach seiner im Jahre 1683 angetretenen Regierung das nun bestehende Schloß dahin, und nannte es nach seinem Namen Marquardsburg; kaufte noch mehrere Felder dazu,

An Feldbau sind das Lichtenfelser, Vorcheimer, Herzogenauracher, Höchstädter, Neunkirchner, Weismainer, Gößweinsteiner, Hollfelder, Vielsecker-Amt sehr reich; auch zum Theil an Viehzucht.

* * *

dazu, um durch einen weitläuftigen rings herum in das Gevierte angelegten Garten das Schloß zu verschönern. Da er nur zehn Jahre lebte, so führte sein Regierungsnachfolger Fürst Franz Lothar, den Gartenbauplan aus; der aber unter der Regierung der Fürsten Philipp Anton aus dem Geschlechte der von Frankenstein, und Adam Friedrich Grafen Seinsheim mit ausserordentlichen vielen, besonders auf kostbare Wasserleitungen verwendeten Kosten sehr zu erheben gesucht worden ist. Pfeufer, S. 158.

I. Bambergs Lage.

Bamberg, Babenberga, Papinberc, Babae montes, (f. II. Geschichte Bambergs) liegt an der Rednitz, *) auf drey Bergen.

Die Polhöhe ist 28° 37′ der Länge, und 49° 57′ der Breite.

Der Rednitzfluß läuft mitten durch die Stadt, und theilet sie in drey Theile.

Es ist eine Kupfertafel heraus in Queerfolio mit dem Titel: Plan der Stadt Bamberg. Man sehe auch Merians Topograph. Franconiae. Vom Bisthume selbst hat Joh. Bapt. Homann eine Landkarte herausgegeben, welche noch sehr mangelhaft ist. Sie ist im Atlas von Deutschland die sechs und sechszigste.

Bamberg liegt in einer so schönen und fruchtbaren Gegend, daß man im Sprüchworte zu sagen pflegte: Wenn Nürnberg mein wäre, so wollte ichs zu Bamberg verzehren. Gartenfrüchte, Obst, Getraide und Wein wachsen im Ueberflusse.

Süß-

---

*) Man sagt unrecht Regnitz, welches blos aus falscher Aussprache entstanden ist. Gewöhnlich glaubt man, daß die Flüsse Pegnitz und Rednitz, nach ihrer Vereinigung die Regnitz heißen. Allein besser sagen andere, die Regnitz fließe bey Hof im Vogtlande; die Rednitz aber behalte ihren Namen bis zu ihrem Einflusse in den Main. Man sehe den Anhang, Num. I.

Süßholz, (Liquiritia) wurzelt mannstief in die Erde, und wächst eben so über der Erde, fast wie der Hollunder, in die Höhe. Es wird von hier durch ganz Europa verführt. Wilder Safran wächst zwar auch da, wird aber nicht cultivirt: kurz, das Fürstenthum Bamberg ist ein gesegnetes Land, und hat einen der fruchtbarsten Boden Deutschlandes, der alle Lebensbedürfnisse in reichem Maaße darbietet.

II. Geschichte Bambergs.

Der erste Erbauer Bambergs war Heinrich, Herzog von Ostfranken und Lothringen, († 886.) der im J. 870 den District oder Pagum Volk-feld seiner Gemahlinn Baba, († 897) ältesten Tochter des Grafen Otto von Sachsen, zum Brautschatze gab.

Dieser Pagus, oder Gau, hatte seinen Namen von dem Flecken Volkfeld, am Fuße des Berges, auf welchem sein Schloß (castrum Babenbergk) lag. *Heyberger* Ichnographia Chronici Bambergensis diplomatica, pag. 3. Diesen Flecken erweiterte er zu einer Stadt, und nannte sie nach seinem Bergschloße, welches jetzt die alte Burg heißt*) seiner Gemahlinn zu Ehren, Babenberg. Daher der Name Babae montes.

Die

---

*) Der sel. Herr Hofrath und geheime Archivar Pfeu-fer hat auf dem Titelkupfer seiner schönen Beytrage

Die bekannte Ursache der Benennung Bambergs, quasi Pfaffenberg, wie auch Hoffmann angiebt,*) ist ganz unrichtig, und es gefällt mir des Herrn Stiftsdechant Schuberths**) Meinung, daß die Stadt ihren Namen vom Bergschlosse, oder der alten Burg, habe. Die neue Burg hieß erst nachher der Umfang, der damals Pfauenberg, mons pauonis, genannt wurde, wo K. Heinrich den Dom hinbauete, und wo der Bischoff wohnte. Ich fand in Herrn v. Eccards herausgegebenen Can-

zu Bambergs älterer und neuerer Geschichte dieses Bergschloß auf einem großen Quartblatte vorstellen lassen, mit der Unterschrift: Schloß Altenburg, Sitz der Grafen von Babenberg 1003. Friederich del. A. W. K. (Küffner) sc. Es ist Schade, daß diese Zeichnung gar nicht der Bauart der ältern Zeiten entspricht.

*) Annal. Bambergensium L. I, ap. Ludew. Vol. I, col. 6, §. 22: Praecipuus enim illorum locus Babeberga fuit, quem lingua sua Papenbergam, vulgo *Pfaffenbergam*, ideo nominarunt, quod frequentior hic quam alibi *cleri* numerus esset,

**) Nachträge zum histor. Versuche ꝛc. S. 3. Herr Schuberth zeigt in seinen beyden Schriften tiefe Blicke in die Geschichte der mittlern Zeiten. Ich glaube Babae montes gaben im J. 870 dem Bergschlosse, und dieses nachher der Stadt selbst den Namen.

Canticis Seculi XI. *) eines in obitum Heinrici Imp. II, in welchem es unter andern heißt: Mons Bauonis (sic) nimis felix, serua Christo Regi pignus intrepidum. Im Pantheo Gotfridi Viterbiensis sind von Bamberg folgende Verse: (ap. Ludew. Script. Bamberg. Vol. I, col. 328 und 603.)

Bauaricus fluuius, uulgo Radiantia dictus,
Norica iura fouens, uarieque uagando relictus,
   Montis Pauonis urbis amoena colit.
Nomine uulgato mons hic Bamberga uocatur,
Mons Pauonis habet colles sibi collaterales,
Tres quasi consimiles, urbis quoque participales,
Ipse nitens medius praeminet absque pare.
Pulchrior illorum loca maxime dat monachorum,
Templaque multorum reliqui dant canonicorum,
   Quartaque pars fluuio praebet utrinque forum.
In crucis ergo modum posuit sibi pauo colonum,
Qui ueneretur eum, foueat celebretque patronum.
   Ipse suis famulis praebet ab urbe bonum.
Stat medius Petrus, Stephanus sibi dexter habetur,
Vertice stat Iacobus, laeua Michael retinetur.
   Fertque secus fluuium uirgo Maria decus.

K. Philipp der Schwabe wurde 1208 auf dem Altenburger Schlosse vom Pfalzgrafen Otto von Wittelsbach ermordet. Es ist unrichtig, daß Philipp die Reichsinsignien bey sich gehabt habe. Diese

*) N. IV, p. 55. Veterum monumentorum quaternio, c. notis I. G. Eccard. Lipſ. 1720. fol.

Diese waren dámals zu Hagenau aufbewahret. ſ. Journal zur Litteratur, 16 Theil, S. 349 und I. P. Roederi Codex hiſtoricus teſtimoniorum de fatis Klinodiorum Auguſtalium, pag. 264.

Nach dem unglücklichen Ende ſeines älteſten Sohnes Adalberts am 9 Sept. 905, wurden Stadt und Schloß Babenberg dem Herzogthume Bayern einverleibet. Graf Eberhard, der Sohn des bey Frißlar gebliebenen Grafen Konrads, erhielt ſie zum Eigenthume. Noch jährlich am erſten May feyert faſt ganz Bamberg auf der alten Burg, das Andenken Adalberts, der durch die Verrätherey und Arg‑liſt des Erzbiſchoffs Hatto von Maynz ſchändlich verrathen wurde. Im J. 975 am 27 Jun. be‑kam Heinrich (geb. den 6 May, 972.) der dreyjäh‑rige Sohn Herzogs Heinrichs von Bayern, von ſeinem Oheime K. Otto II, ciuitatem, *Papinberc* nominatam, cum omnibus ad hanc reſpicienti‑bus, *) et eq. in ſeruitium uerſis, et Nendilin Vra‑

---

*) In chartula Henrici, Würciburg. Epiſcopi, Non. Maii, 1008, de ceſſione iuris dioeceſani in pago Ratzen‑gowe, et in parte pagi Volcfelt, ſive in ipſo praedio, Volcfelt dicto, wird der tractus ſ. praedium Volc‑felt ſ Papinberc alſo beſchrieben; Quantum enim de Babenberg, uſque ad flumen Vraha, (die Aurach) de Vraha in Ratennam flumen, et ſic iuxta decurſum eiusdem fluminis in Moin, et inde ad riuulum Vi‑chebach, deinde ad caput eiusdem riuuli, ſicque qua citiſſime

Vraha*) in comitatu Berahtoldi Comitis, Volcuelt nuncupato, sitam, wie die Schenkungs-urkunde sagt. **)

Heinrich II. der noch als Herzog von Bayern, im J. 996 sich mit Kunegunden, der Tochter Grafen Siegfried von Luxenburg, vermählet hatte, und nach dem Tode seines Oheims K. Otto III. im J. 1002 als römischer König, am 6 Jun. in Mainz vom Erzbischoffe Willigis gekrönt ***) worden, ließ
am

---

citissime et proxime perveniri potest ad Vraha, *etc.* ap. *Heyberger*, in Ichnographia chronici Bamberg. pag. 28.

*) Praedium, Aurach, Mendilin Vraha, ist der District zwischen den Flüssen Aurach und Ebra die mittlere genannt.

**) ap. Heyberger, l. c. pag. 27: data V Kl. iulii Anno dom. Incarnat DCCCCLXXV. Indiction. I. Anno regni domini Ottonis. XIII. Imp. aut. VII. actum uuormatiae. In Cod. dipl. probat. zur Bamberger Deduction wegen Fürth. N. 1.

***) Man ließt bey dieser Krönung König Heinrichs, daß ihm von Bernward, Bischoff von Hildesheim, die heilige Lanze dargereichet worden sey. Tancmari Vita S. Bernwardi ap. Leibnit. Scriptor. rer. Brunsuicens. T. I, c. 134, pag. 457: Omnibus ergo pari uoto in electione illius (Domini Henrici) concordantibus, Willegisus, Archi-Episcopus, et Beatus Bernwardus, cum ceteris regni principibus, Dominum
Henri-

II. Geschichte Bambergs.

am 10 Aug. darauf auch von Willigis seine Ge,
mahlinn Kunegund zu Paderborn krönen, auf de,
ren Einwilligung und Bitten er ihren Brautschatz
Bamberg, nach einigen Widersprüchen des
hartnäckigen*) Heinrichs Bischoffs zu Wirz,
burg*)

Henricum Moguntiam cum summo honore ducentes,
Dominica octaua Pentecostes, *regimen et regiam po-
restatem cum dominica hasta illi tradiderunt;* ac deinde omnibus rite pactis, eum maximo tripudio uni-
uersorum, solenniter cum Dei gratia unxerunt. Koeler diss. de imperiali sacra lancea, §. 7.

*) Der seel. Herr geh. Archivar Pfeufer theilt in sei,
nen Beiträgen zu Bambergs Topographie und Sta,
tistik, S. 19. einen Auszug aus einem weitläufigen
Briefe mit, den der Bischof Arnold zu Halberstadt
an den bey dem Geschäfte so hartnäckigen Bischof
Heinrich zu Wirzburg im Jahre 1006 schrieb:
nonne recordaris, sagt er: quod in priori anno ad
eundem locum (Babenberg) nobis equitantibus, me
advocato a te, huiusmodi sermonem, quasi prescires, habere coepisti: *si Rex ibi facere vellet Episcopatum, facile illum ecclesiae tuae, quod tibi utilius esset, posset tribuere, te parvum inde fructum habere, totam illam terram pene sylvam esse, sclavos ibi habitare, te in illa longinqua vel raro vel nunquam venisse.* Cur modo difficile videtur, quod tunc facile visum est etc. Sogar zeigen sich Spuren, daß
noch nach dem Tode des Kaisers Heinrich, sein
Bruder

II. Geschichte Bambergs.

burg,*) einstimmig auf dem Convent in Frankfurt am Mayn, zu Ende Octobers zu einem Bißthum ernannte, und es mit großer Feyerlichkeit am 6 May, seinem Geburtstage, im Jahre 1007, zu Ehren Mariens und Petrus bestimmte. Noch an eben diesem Tage versah er das neue Bisthum mit sehr großen Schenkungen. Die Bischöffe von Wirzburg und Eichstädt traten auch zu Mainz ihre Parochialrechte in Pagis Volcfelt et Radenzgowe ab. Nun schickte der freygebige Heinrich seine zween Kapläne Albericus und Ludewig, mit einem Schreiben des Bischoffs von Wirzburg, nach Rom an Papst Johann XVII ab, der das neue dem päpstlichen Stuhl unmittelbar unterworfene Bisthum bestättigte, welches sodann auf der zweyten

Frank-

Bruder Bischof Bruno zu Augsburg, durch seine an Kaiser Konrad II. vermählte Nichte Gisela Bewegungen machte, die Stiftungsgüter wieder zurückzureissen, ja die ganze Stiftung zu vernichten.

*) Bischoff Heinrich trat dem Kaiser den ganzen Radenzgau, mit Ausnahme der drey Parochien, Wanrob, (Wachenrod) Mühlhausen und Lonerstadt ab. A. 1008. Indict. 6. Non. Maii. (d. 7 Maii) Actum in Ciuitate Vuirciburg presente Serenissimo Rege Heinrico. Heyberger, p. 77. Der Radenzgau ist verschieden vom Rangau. Lorenz Friese hat dieses bereits gethan, bey Ludewig in Script. Wirceb. p. 424. s. Journal von und für Franken, 6 Band, S. 552 u. f.

Frankfurter Kirchenversammlung am 1 November 1007 von allen Bischöffen Deutschlandes dafür anerkannt wurde. K. Heinrich war selbst gegenwärtig und ernannte seinen Neffen und Kanzler Eberhard zum ersten Bischoffe.*) Die Brüder Kunegundens, waren gar nicht zufrieden, daß das Leibgeding (dotalitium) ihrer Schwester, die mit Heinrichen in einer jungfräulichen Ehe lebte, ihnen entrissen würde. Theodorich riß das Bisthum Metz, und Adalbero das Erzbisthum Trier, mit Beyhülfe ihrer Brüder Heinrichs, Herzogs von Bayern, und Friedrichs, Grafen von Lützelburg, 1008 an sich, welche ihnen aber Heinrich noch in eben diesem Jahre wieder entriß. Im folgenden Jahre fiengen sie neue Unruhen in Oberlothringen an, so daß sie Heinrich zum zweytenmale zu paaren treiben muste. In eben diesem Jahre 1009 stiftete Kunegund das Benedictinerkloster St. Michael, auf dem Berge, der daher der Mönchsberg heißt. Heinrich vermehrte seine Schenkungen zum neuen Stifte jährlich. Im J. 1011 als die drey Brüder Kunegundens wieder Unruhen anfiengen, wurden sie auf der Versammlung zu Coblenz als Reichsfeinde in die Acht erklärt, jedoch wieder begnadigt, und Theodorich bekam sogar das Bisthum Metz.

Die Domkirche wurde mit dem St. Peter und Georg-Collegiat-oder Domstifft, im J. 1012 vollen-

---

*) Heyberger, l. cit. pag. 63 seq. 95 seq.

vollendet, und am 6 May dieses besagten Jahres durch Johann, den Patriarchen von Aquileja, zur Ehre Mariens, Peters und Pauls, und der Märtyrer Kilians und Georgs, eingeweihet. Es wurde ein Synodus von dreyßig und mehrern Bischöffen in dieser Domkirche gehalten, worauf Heinrich mit der Königinn sich nach Sachsen begab. Im J. 1013 kam ihm der vertriebene Papst Benedict VIII zu Pölde *) entgegen, den der König sehr ehrenvoll aufnahm, und hierauf mit einer Armee das zweytemal nach Italien zog, daselbst Arduins in der Lombardey erregte Unruhen dämpfte, und im folgenden Jahre 1014 am 14 Febr. nebst Kunigunden von Johann VIII die Kaiserkrone erhielt, **) wobey er die aufgehabte königliche über den Altar des heil. Petrus aufhängen ließ.

Auch von Rom aus beschenkte er das neue Bisthum mit Ortschaften, ***) und zog mir dem Heere nach Apulien, gegen die Griechen, setzte den von den Griechen daraus vertriebenen Fürsten Melus daselbst

*) Zwischen Nordhausen und Nordheim.

**) Vorher führte er den Titel Rex Romanorum. Seither wurde dieses zum ordentlichen Canzley-Ceremoniel, nach der römischen Krönung den Römisch-Kaiserlichen Titel zu führen.

***) ap. Heyberger, p. 100.

daſelbſt als Herzog ein, *) und kam gegen Pfingſten wieder nach ſeinem geliebten Bamberg, das er abermals

*) *Auctor Vitae Henrici S. c.* 22, *pag.* 297 : Imperator Apuliam a Graecis diu poſſeſſam Romano Imperio recuperauit, et eidem prouinciae Iſmaelem (Melum) Ducem praefecit. *Auctor uitae Weinwerci,* §. 26, *pag.* 525. Melus ſchlug Leo Pacianus, den Feldherrn des griechiſchen Katapans (Statthalters) Turnicius, bey dem Fluſſe Arenola aufs Haupt; wurde aber von dem neuen Katapan Bagian, oder Boban, wieder überwunden, worauf er nach Deutſchland gieng, und bey dem Kaiſer Hülfe ſuchte, wovon ein mehrers unten bey Beſchreibung des Manti S. Henrici, im Domſchatze vorkommt.

Guil. Appulus in hiſtorico poemate de rebus Normannorum, in Sicilia, Appulia et Calabria geſtis ; in Leibnit. T. I. ſcriptor. brunſuicenſ L. I, p. 579, 580,

Emtis Normannos Campanis partibus armis
Inuadenda furens loca duxit ad Appula Melus.
Hunc habuere Ducem ſibi gens Normannica primum.

— — — —

Turnicii tandem rumor peruenit ad aures,
Qui Catapan fuerat Graecorum miſſus ab urbe
Cui Conſtantinus nomen dedit editor urbis.

— — — —

Non etenim per ſe certamina prima parauit,
Sed per legatum, cognomen cui Pacianus
Et Leo nomen erat, qui iuxta fluminis undam

Nomine

II. Geschichte Bambergs.

abermals auf dem Reichstage zu Regensburg am 21 Jul. 1014 mit neuen Gütern beschenkte. Mit dem Bischoffe von Eichstädt Gundegar kam der Kaiser überein, daß der Pegnizfluß die Gränze der Bam-

Nomine Fertorii, (locus est Arenula dictus)
Deduxit secum multos ad bella Pelasgos.

—   —   —   —   —

Turnicius sed terga dedit, uictusque recessit
Conflictu belli Pacianus corruit huius.
Normannis auget ualidas uictoria uires.
Expertis Graecos nullius roboris esse,
Quos non audaces, sed cognouere fugaces.
Imperii fama insinuat rectoribus arua
Appula Normannos Melo Duce depopulari

—   —   —   —   —

Multa Graecorum cum gente Basilius ire
Iussus in hoc audax anno mouet arma sequenti
Cui Catapan facto cognomen erat Bugianus.

—   —   —   —   —

Cum modica non gente ualens obsistere Melus
Terga dedit magna spoliatus parte suorum.
Et puduit uictum patria tellure morari.
Samnites adiit superatus, ibique moratur
Post Alemanorum petiit suffragia Regis
Henrici, solito placidus qui more precantem
Suscipit, auxilii promittens dona propinqui.

    Das Wort *Catapan*, Capitaneus, Locum tenens, praefectus, haben die Byzantiner aus κατεπανω gemacht. *Du Cange* in notis ad Alexiadem, pag. 275.

II. Geschichte Bambergs.

Bambergischen geistlichen Jurisdiction seyn solle. Er gieng nach Sachsen, beschenkte Bamberg aufs neue zu Merseburg am 1 Nov. gedachten Jahres, kehrte nach Bamberg nach Weihnachten 1015 zurück, sezte in das nun fertige Kloster Michaelsberg Ratho als ersten Abt, und beschenkte das Domkapitel in Bamberg, in einer Urkunde zu Regensburg am 5 Jul. mit ansehnlichen Gütern, so wie auch in den folgenden zwey Jahren. Dem guten Heinrich wurden immer von bösen Leuten gegen die keusche*) Kunegund, Zweifel erreget, so daß sie

im

*) Nik. Hieron. Gundling hat im dritten Stücke seiner Otia, S. 151—213 in einer weitläuftigen Abhandlung von der heiligen Kunegunda, und derselben vermeinter Keuschheit, gegen Konr. Sam. Schurzfleischs Diff. de innocentia Cunigundis (Vitemb. 1700. 4.) zu erweisen gesucht, daß ihre Ehe nicht jungfräulich gewesen sey. Schurzfleischens Eleve, der berühmte Köhler, war auch Gundlings Meinung, und fügte seiner Diff. de Familia Augusta Lucemburgensi, Altd. 1722 das zweyte Corollarium bey: Inter Henricum S. et Kunigundam non omni tempore fuit uirgineum coniugium. Im Jahre darauf wurden im dritten Theile des Monats Julius der Actorum Sanctor. Antuerp. p. 711—793 des gelehrten Jesuiten Joh. Bapt. Sollier Acta S. Henrici gedruckt, in welchem §. 81—96 er nebst dem damaligen Rector des Bambergischen Jesuiten

II. Geschichte Bambergs.

im J. 1017 im September auf der Stelle, wo jetzt

suttencollegiums, P. Nikolaus Pottu, zu beweisen sucht, daß die in der Litaney im Libello Graduali *Henrici* (das ich 1790 lange durchgesehen habe, und unter den Handschriften der Dombibliothek beschreibe) befindlichen Worte: Nobilissimae proli regali salus et uita, nur als eine allgemeine und gewöhnliche Litaneyformul zu betrachten wären, und sonder Zweifel beym Absingen ausgelassen worden seyn. Köhler antwortete dem Sollier 1731 in seiner Stemmatographia Augusta Saxonica, p. 52 und 53, durch folgende Stellen: *Heinricus, Dei gratia — — qualiter nos — — dilectissimae coniugis nostrae,* qui duo sumus in carne una, *Cunegundae uidelicet, Imperatricis Augustae rogatu — —* Data IIII Id. Iunii, 1017; apud *Schaten.* Annal. Paderborn. L. V, p 424. Aus der Anrede Heinrichs an die Erzbischöffe und Bischöffe in Synodo Francofurtana 1007 ap. *Ditmar.* L. VI, p. 383: *Faueatis, quia* in sobole acquirenda nulla mihi spes remanet. *Arnoldus*, Episc. Halberstadiensis, in ep. ad Henr Episc. Herbipol. in *Ludew.* criptor. Bamberg, Vol. I, col. 1117: *Hoc et ipse* (Heinricus) *in Synodo,* (1007) *miserabili, attamen luculenta oratione, perstrinxit, quia, si se* Deus priuaret fructu uentris sui, et humana prole exheredaret, *se Deum, si dignaretur, libenter sibi heredem facturum.* Wenn man auch annähme, daß Heinrich (wie Heumann de re diplom. Imperaticum Romanarum, p. 150 vermuthet) durch dergleichen Ausdrü-

jetzt die Andreaskapelle beym Dom ist,*) sich zur Probe

cke, sein matrimonium uirgineum vor der Welt zu verbergen gesucht habe: so widerspricht dieser Meiboch eine Hauptstelle diplomatis, A. 1013 ecclesiae Hildesheimensi concessi, in *Leibnit.* Scriptor. Brunsuic. T. II, p. 156, da der Kaiser sagt: *pro animae nostrae remedio regni quoque totius nobis diuinitus collati stabilitate,* et pro coniugis prolisque regalis incolumitate; wobey Leibnitz die Anmerkung macht: Vnde uidetur explodenda illa receptissima licet narratio de uirginitate a coniugibus istis seruata. Et dicendum putem, uel prolem habuisse, quam rursus amiserit, uel saltem sperasse, quorum utrumque cum uirginitatis consilio pugnat. Es ist auch merkwürdig, daß in den beyden gleichzeitigen canticis in monasterio S. Bauonis Gandauensi olim confectis, in obitum Heinrici II, ap. Eccard. Vet. monumentor. quaternio; pag. 54 und 55 unter allen Tugenden des Kaisers nicht ein Wort von diesem matrimonio uirgineo vorkommt. Bloß im ersten Cantico lieset man: Voluntati contradixit sobrie uixit, welches sich etwa, aber freylich sehr entfernt, darauf beziehen möchte.

*) Mart. Hoffmann, in Annal. Bamberg. L. I. ad a. 1017 ap. *Ludew.* Script. Bamberg. Vol. I, col. 53: *Ad stabiliendam huius miraculi fidem, eo inde in loco sacellum aedificatum, et duorum uomerum reliquiae, D. Heinrici sarcophago inclusae, ab Episcopo et Clero Babenbergensi. ea, qua decuit, reverentia, in Ecclesia cathedrali hactenus seruatae sunt.*

II. Geschichte Bambergs.

Probe der glühenden Pflugschaaren*) entschloß. Der

---

*) Bulla Canonisazionis Chunigundis Innocentii III, A. 1200 ap. Heyberger p. 148: Qui (testes) iurati dixerunt, quod sicut ex celebri fama et sollempni scriptura nouerunt beata Chunigundis sancto Henrico fuit matrimonialiter copulata. Sed ab eo non extitit carnaliter cognita. Vnde cum Dominus Imperator ageret in extremis. principibus et parentibus inquit de illa. Qualem eam michi assignastis! talem eam uobis resigno. Virginem eam dedistis! et uirginem reddo. Suam ergo uirginitatem domino consecrauit, et seruauit intactam. ita quod cum aliquando instigante Humani generis inimico suspicio quedam contra eam fuisset exorta! ipsa ut suam innocentiam demonstret *super ignitos uomeres nudis plantis incessit. et processit illesa.* Daß der Verdacht Heinrichs, und die Ehrenrettung Kunegundens Thatsache gewesen, bezeuget noch jetzt der an die Apokalypse angebundene Evangeliencodex in der Stiftskirche zu St. Stephan, den K. Heinrich dahin verehrte. Ein kleines Gemälde in demselben zeiget den Kaiser stehend, mit der Krone in der linken Hand. Die rechte gibt er der vor ihm stehenden Kaiserinn, welche auf den zu Füßen liegenden Neid, oder Verläumdung, tritt, und eine umgekehrte spitzige Lanze auf ihn richtet, mit der Ueberschrift:

POENITEAT CVLPAE QVID SIT PATIENTIA
DISCE.

Der Kaiser ward über ihre Unschuldsprobe so entzückt, daß er seiner Gemahlin zu Füßen fiel und sie um Verzeihung bat. Kunegund sagte lächelnd, sie danke Gott, daß ihre Unschuld so klar an Tag gekommen sey. Sie stiftete hierauf das Frauenkloster zu Kaufungen, bey Cassel, und besuchte 1018 zu Regensburg ihren Bruder Heinrich, der im vorigen Jahre das Herzogthum Bayern wieder von ihrem Gemahle erhalten hatte. Am grünen Donnerstage 1019 empfieng der Kaiser in Bamberg Papst Benedict VIII, der hierauf in einer Kirchenversammlung von 72 Bischöffen, das Bisthum unmittelbar in päbstlichen Schutz nahm, und sich bey jeder Indiction einen weißen Zelter, oder zwölf Mark Silber ausbedingte. Der Bischoff von Bamberg erhielt auch den ersten Rang nach den Erzbischöffen.*) Am 24 April weihte Benedict die auf Kosten der Kaiserinn erbaute Stiftskirche zu St. Stephan.

K. Heinrich gieng 1021 nach Augsburg, und machte neue sehr wichtige Schenkungen an sein Bißthum Bamberg.**) Zu Anfange des Jahrs 1022

Man sehe besser unten die Beschreibung dieser Stiftskirche, wo ich auch einen silbernen Arm anzeige, den Kunegund dahin verehrte. Dieser hält eine mit edlen Steinen verzierte Pflugschaar in der Hand.

*) Heyberger, p. 118.
**) Id. p. 127, 130.

1024 zog er das drittemal nach Italien, und zog mit einem dreyfachen Heere nach Apulien und Calabrien gegen die Griechen, dem Herzoge Melus beyzustehen. Er belagerte die dem im Bambergischen inzwischen verstorbenen Herzoge Melus vom Basilius Bobanus, oder Buglanus, neuen Katapan, oder Statthalter des Kaisers zu Konstantinopel, 1019 entrissenen Städte Troja, Benevento, Capua, Salerno,*) und zwang die Griechen, um Gnade zu flehen. Er setzte Pandulf zum Fürsten von Capua, und gab den Normännern ein Stück Landes ein: hierauf besuchte er mit Papst Benedikt VIII Montecasino, wo er von dem ihn so sehr plagen-

*) *Guilielmus Appulus*, L. I. de gestis Normannor. in T. I. Leibnit. scriptor. brunsuicens. p. 581:

— — Melus regredi praeuentus morte nequiuit, Henricus sepelit Rex hunc, ut regius est mos.

Auctor uitae Henrici S. cap. 22, p. 297: Ismael (Melus) in Babenbergensi loco mortuus, et in capitulo maioris monasterii sepultus, requiescit in domino. *Leo Ostiens.* L. 2. Chronici Casinensis, cap. 41, p. 248: Imperator Stephano, Melo, et Petro, nepotibus praedicti Meli (senioris), quoniam propria illis recuperare non potuit, Comitatum Teanensem concessit, quibus etiam in auxilium Normannos, Giselbertum et Gosmannum, Stigandum, Torstainum, Balbum, Gualterium de Canosa et Vgonem Fallucca cum aliis decem et octo reliquit.

plagenden Steinschmerzen geheilet wurde, und kehrte über Rom nach Deutschland zurück. Er kam triumphirend nach Augsburg, wo er im October einen Reichstag hielt, und wieder neue Schenkung an das Bamberger Hochstift machte. Er kam auch selbst dahin, und hielt in Merseburg Weihnachten.

Im folgenden J. 1023 hielt er an dem Ufer der Maas eine Unterredung mit dem Könige von Frankreich, Robert, Hug Schapplers (Capeti) Sohne, und kehrte über Mainz nach Bamberg zurück, wo er nach den Weihnachtsfeyertagen 1024 viele Bißthümer besetzte. Seine Gesundheitsumstände verschlimmerten sich. Er beschenkte das Stifft abermals, und gieng mit der Kaiserinn nach Magdeburg, wo er die Osterfeyertage zubrachte. Sodann kam er nach Halberstadt, und um Pfingsten nach Goßlar. Zehn schmerzenvolle Tage hielten ihn daselbst auf; jedoch glaubte er Besserung zu spüren, und ließ sich nach Grona *) bringen. Die Krankheit verschlimmerte sich so stark, daß er auf Ernennung eines Nachfolgers bedacht war, und Konrad II, Herzog von Ostfranken, einen treflichen Herrn, dazu erwählte. Er empfahl allen
Anwe-

*) Diese kaiserliche Burg und älteste Pfalzstätte der sächsischen Kaiser stand auf einem kleinen Berge, bey Göttingen, der jetzt auf dem Hagen genannt wird.

II. Geschichte Bambergs.

Anwesenden seine Gemahlin, mit den Worten: „Nehmet eure Jungfrau, welche ihr mir gegeben „habt, in treuem Schutz, daß ihr nichts widriges „begegne." *)

Kurz hernach verschied der gutmüthige Heinrich am 13 Jul. Der Leichnam wurde, nach des Seeligen Verlangen nach Bamberg gebracht, und unter vielen Thränen Bischofs Eberhards I, in der Mitte seiner Domkirche beygesetzt, mit folgender Grabschrift:

Heinricus cunctis semper laudandus in actis,
  Quale sit eius opus, comprobat ille locus.
Ille quidem templum fabricauerat hoc opulentum,
  Multiplici dono dans sua cuncta Deo,
Et mundi finem iam nunc exspectat ibidem
  Quem prece continua tu, Petre sancte, iuua.
Idibus in ternis cum Iulius aestuat aruis,
  Spiritus, ossa suo sunt data principio.

Der zehnte Bischoff Bambergs, Eberhard II, ließ im J. 1147 den Sarg, nebst dem seiner Gemahlin, in ein Grabmal von parischem Marmor übersetzen, mit der Aufschrift:

HEINRIC *Augustus uirtutum germine iustus,*
  Hanc seruat cuius niscera putris humus,
Splendor erat Legum, Speculum, Lux, Gemmaque Regum,
  Ad coelos abiit, non moriens obiit.
                                      Idibus

---

*) Recipite, quam mihi tradidistis, Virginem uestram, et fideli tuitioni tuemini, ne quid patiatur aduersi.

Idibus in terris uexantem pondera carnis
Iulius aethereo sumserat imperio.
Abbatissa pia, quod reddat sancta Maria,
Hildigarda sibi iusserat hoc fieri.

Die jetzige Aufschrift wird der Leser bey der Beschreibung der Domkirche finden.

Papst Eugen der dritte versetzte den frommen Kaiser im J. 1145 unter die Zahl der Heiligen.

Nach der Beerdigung ihres kaiserlichen Gemahls, blieb die Kaiserinn noch ein Jahr in Bamberg, sodann reißte sie 1025 zu ihrem Herrn Bruder, Heinrich, Herzog von Bayern, und dann mit ihrer Nichte Judltha in das von ihr gestiftete Benedictinernonnenkloster Kaufungen bey Cassel, wo sie am dritten März 1040 das Zeitliche mit dem Ewigen verwechselte. Ihr Leichnam wurde mit großem Gefolge von allen Ständen beyden Geschlechtes nach Bamberg gebracht, daselbst vom Bischoff Eberhard I, und fast von allen Einwohnern eingeholet, und neben ihrem Gemahle beygesetzet, mit der Grabschrift:

Aequali merito CVNIGVNT sociata marito,
Quem uiuens coluit, morte locum tenuit,
Felix morte sua, cui uitam contulit illa
Mors immortalem continuumque diem.
Nam ueluti granum moriendo uiuificatum,
Quae bene praemisit, centuplicata metit.

Papst

II. Geschichte Bambergs.

Papst Innocentius der dritte versetzte sie im Jahre 1200 unter die Heiligen. Die Canonisationsbulle hat Heyberger aus dem Originale abdrucken lassen. Ichnograph. chron. Bamberg. diplom. S. 144 u. f.

Die neue Burg hieß der Umfang, (damals Pfauenberg, oder mons pauonis, genannt) wo K. Heinrich den Dom hinbaute, und wo der Bischof mit seinen Dienern wohnte.*) Diese und das Capitel hatten besondere Wohnungen und Tische, aber auch gewisse gemeinschäftliche Cassen, welche thesaurus sanctae Babenbergensis Ecclesiae in Urkunden von den Jahren 1045 und 1189 heißen. Nach erbauter Domkirche, als der Bischof in seinen bischöflichen Sitz eingesetzt ward, wurden auch Geistliche des Doms, als regulare Chorherren, (man nannte sie Georgibrüder) nach Chrodogangus Regel, geordnet. Sie wurden in ihre bestimmte Wohnung eingewiesen und führten noch nicht eigene Oekonomie.**) Dieses ist wohl erst im vierzehnten Jahrhunderte geschehen.

K. Heinrich II hielt sich in eigenen Gebäuden auf dem Bezirke dieser neuen Burg öfters auf.
Diese

---

*) Man sehe oben S. 26, und was Herr Stiftsbechant Schuberth hierüber meisterhaft sagt, S. 14 u. f. seiner Nachträge.

**) Dieses setzet Herr Stiftsbechant Schuberth in seinen Nachträgen S. 31—43 sehr bündig auseinander.

II. Geschichte Bambergs.

Diese Wohnung K. Heinrichs und seiner Gemahlin ist nicht mehr zu sehen. Der gelehrte Jesuit Gottfried Henschen, der Kunegundens Leben in den Actis S. S. beschrieb, sah noch 1660 ihre alten Zimmer,*) und ihren Sitz in der Kapelle. Im J. 1790 war nichts mehr übrig.

Ein Bischof von Bamberg steht unmittelbar unter dem päpstlichen Stuhl.

Chronologisches Verzeichniß der Bambergischen Herren Bischöffe und Fürsten.

1) **Eberhard**, des Burggrafens Luitbert von Magdeburg Sohn und Kaiser Heinrichs II Kanzler, wurde von besagtem Kaiser als Stifter zum ersten Bischoffe ernennet, und 1007 den 28ten Oktober zum Bischofe geweihet. Er starb den 13ten September 1041.

2) **Suitgerus**, Graf von Homberg und Maresleven, wurde vom Kaiser Heinrich III zum Bischofe

---

*) Ascendimus etiam ad S. Cunigundis palatium, amoeno situ potius, quam structura, uisendum, iamque ruinosum totum: in huius superiori parte lignea supererat adhuc cubiculum ipsius cum hypocausti loco: utrumque tale, quod modestissimam de plebe uirginem indicaret. Hinc prospectus erat in sacellum exiguum, in quo priuatim sacris adesse consueuerat, ubi et sedes illius lignea mirae simplicitatis monstrabatur. Acta Sanctor. m. Mart. T. I, p. 271.

II. Geschichte Bambergs.

schofe im Jahre 1042 ernennet; er legte aber das Bistum nieder, da er im Jahre 1046 zum römischen Pabste, unter dem Namen Clemens II von eben diesem Kaiser ernannt wurde.

3) Hardovikus, Graf v. Bogen, von 1047 bis 1054.

4) Albertus Herzog zu Kärnten von 1054 bis 1060.

5) Guntherus vom Jahre 1060 bis den 23ten Jul. 1063.

6) Hermannus von 1063 bis 1075 den 30ten November.

7) Rupertus von 1075 bis 1102.

8) Otto der Heilige, ein Graf von Andechs, von 1102 bis 1139 den 30ten Junius.

9) Egilbertus von 1139 bis 1146 im December.

10) Eberhard, Herzog zu Baiern von 1146 bis 1172 den 15ten Jul.

11) Hermannus, Markgraf zu Meisen, von 1172 bis 1177.

12) Otto II Graf von Andechs, von 1177 bis 1192, den 16ten April.

13) Thimo von 1192 bis 1202 den 16ten Oktober.

14) Conrad, Herzog in Schlesien, 1202, starb gleich den andern Tag nach seiner Wahl.

15) Ekbert, Herzog von Meran, von 1204 bis 1235.

16) Poppo, Herzog von Meran, von 1235 bis 1241.

17) Heinrich Schmidefeld, von 1242 den 5ten Jänner bis 1256 den 17ten September.

18) Bertholdus, Graf von Leiningen 1256 bis 1285 den 17ten May.

19) Arnold, Graf von Solms von 1285 den 26ten Junius bis 1296 den 19ten Julius.

20) Leopold von Grundlach, von 1296 bis 1304 den 22 August.

21) Wülfling von Stubenberg von 1304 bis 1319. den 15. März.

22) Johann, Bischof zu Brixen, von 1319 bis 1324.

23) Heinrich von Sternberg, von 1324 bis 1328, den 5 April.

24) Werntho Schenk von Rienek, von 1328 bis 1335.

25) Leopold von Eglofstein, von 1335 bis 1343 den 27 Jun.

26) Friedrich, Graf von Hohenlohe von 1344 bis 1351 den 26ten December.

27) Leopold von Bebenburg, vom 1352 bis 1363.

28) Friedrich von Trühendingen von 1363 bis 1366 den 19ten May.

29) Ludewig, Markgraf von Meisen von August 1366 bis 1373.

30) Lambert von Brunn, von 1374 bis 1399 den 17ten Julius.

31)

II. Geschichte Bambergs.

31) Albert, Graf von Wertheim von 1399 bis 1421 den 19ten May.

32) Friedrich von Auffees von 1421 bis 1432 den 23ten Februar.

33) Anton von Rotenhan 1433 bis 1459 den 5ten May.

34) Georg von Schaumberg von 1459 bis 1475 den 4. Febr.

35) Philipp Graf v. Henneberg, von 1475 bis 1487 den 26ten Jänner.

36) Heinrich Groß von Trokau, vom 1ten Februar 1487 bis 1499 den 29ten May.

37) Veit Truchses von Pommersfelden, vom 3ten April 1501 bis 1503 den 7ten September.

38) Georg Marschall von Ebert vom 19ten September 1503 bis 1505 den 30. Jän.

39) Georg Schenk von Limburg, vom 13. Februar 1505 bis 1522 den 31ten May.

40) Weigand von Redwiz, vom 18ten Junius 1522 bis 1556, den 20ten May.

41) Georg Fuchs von Rügheim, vom 24ten August 1557 bis 1561 den 22ten März.

42) Veit von Wirzburg vom 22ten April 1561 bis 1577 den 8ten Julii.

43) Johann Georg Zobel von Giebelstadt vom 20ten August 1577 bis 1580 den 7ten September.

44) Martin von Eyb vom 11ten Oktober 1580 bis 1583 den 26ten August.

II. Geschichte Bambergs.

45) Ernst von Mengersdorf vom 2ten September 1583 bis 1591 den 21ten Oktober.

46) Neidhard von Thüngen vom 14ten November 1591 bis 1598 im December.

47) Johann Philipp von Gebsattel vom 4ten Februar 1599 bis 1609.

48) Johann Gottfried von Aschhausen vom 29ten Julius 1609 bis 1622 den 29ten December.

49) Johann Georg Fuchs von Dornheim vom 13ten Februar 1623 bis 1633 den 29ten März.

50) Franz von Hazfeld vom 4ten August 1633 bis 1642 den 30ten Julius.

51) Melchior Otto Voit von Salzburg vom 25ten August 1642 bis 1653 den 4ten Jäner.

52) Philipp Valentin Voit v. Rienek, vom 12ten Februar 1653 bis 1672 den 3ten Februar.

53) Peter Philipp von Dernbach, vom 22ten März 1672 bis 1683 den 22ten April.

54) Marquard Sebastian Schenk von Staufenberg, vom 10ten Junius 1683 bis 1693 den 9ten Oktober.

55) Lothar Franz Graf von Schönborn vom 16ten November 1693 bis 1729 den 30ten Jäner.

56) Friedrich Karl Graf von Schönborn von 1729 bis 1746 den 25ten Julius.

57)

II. Geschichte Bambergs.

57) Joh. Philipp Anton von Frankenstein vom 26ten September 1746 bis 1753 den 3 Junius.

58) Franz Konrad Graf von Stadion vom 23ten Julius 1753 bis 1757 den 6ten März.

59) Adam Friedrich Graf von Seinsheim, vom 21ten April 1757 bis 1779 den 18ten Febr.

60) Franz Ludwig von Erthal, vom 12ten April 1779 bis 1795 den 14ten Februar.

61) Christoph Franz von Buseck, dermalen regierender Fürst, erwählet den 7ten April 1795.

Das Domkapitel hat einen Propst, einen Dechant, einen Scholaster, einen Custos, einen Cantor und ausser diesen noch 15 Kapitularen, und 14 Domizellaren.

Der erste Propst kömmt in einer Urkunde vom Jahre 1015 unter dem Namen Poppo vor. Der Dechant findet sich erst im Jahre 1025 unter dem Namen Buso und in der nämlichen Urkunde auch ein Scholaster Rukier. Erst im Jahre 1093 kömmt ein Custos vor; und im Jahre 1192 wurde von dem Bischofe Otto die Cantorey errichtet, Pfeufer, S. 13.

III. Bambergs Eintheilung.

Bamberg wird getheilt in die obere Stadt, jenseits der obern Brücke; in die mittlere; und in die Vorstadt, oder Steinweg.*)

In der obern Stadt.

Die Fürstbischöffliche Residenz.
Das Aufseeßische Seminarium.
Die obere Pfarre.
Das Dominikaner- und Franciscanerkloster, jenseits der Rednitz.
Das vom vortrefflichen Franz Ludwig herrlich erbaute Krankenhaus, auf dem sogenannten obern Sande.

In der mittlern Stadt.

Das Capuzinerkloster.
Die englischen Fräulen.
Die Clarisserinnen, Franciscaner Ordens.
Die Pfarrkirche von St. Martin.
Das Bischöffliche Seminarium.
Die Universität.

Am

---

*) Die älteste Eintheilung war, Altstadt und Neustadt. Diese letztere entstand aus der Vermehrung der an und um die Altstadt auf Stadtgerichtlichem Grund und Boden erbauten Häuser. Herrn Stiftsdechants Schuberth Nachträge, S. 17 u. f.

IV. Bambergs Siegel.

Am Steinwege.
Die Klosterfrauenkirche zum heiligen Grabe.
Das Collegiatstifft St. Gangolf.

Es gehen drey Brücken über die Rednitz. Nur eine davon ist steinern. Die zwo andern giengen 1784 durch die ausserordentliche Ueberschwemmung zu Grunde.

Die obere steinerne Brücke, welche zu dem Rathhause führt, ist 1456 erbauet. Sie hat zween Bogen. Das steinerne Crucifix ist von Rosenzweig 1715 aufgerichtet worden.

Von der untern Brücke steht noch ein Theil; es ist einstweilen ein hölzerner Fußsteig daneben errichtet.

An statt der herrlichen Seesbrücke, welche die Stadt mit der Vorstadt, vor Alters Teuerstatt, (nicht Treuerstadt) jetzt der Steinweg genannt, verbunden hat, ist nun weiter oben eine dauerhafte Brücke von Holz erbauet.

IV. Bambergs Siegel.*)

Das Hochstift Bamberg führet im goldnen Felde einen aufrecht stehenden schwarzen Löwen, welcher

---

*) Diesen hat der verdienstvolle Herr Stiftsdechant Schnberth in seinem historischen Versuche ꝛc. einen eignen

welcher mit einem das ganze Feld durchlaufenden Schrä⸗talken belegt ist.

Das älteste Stadt ⸗ Siegel führet diese Umschrift:

2.SECRETV̄·CIVIV̄·CIVITATI2.BABEMBERGEN2I2.
Sigillum Secretum Ciuium Ciuitatis Babembergensis.

Ich übergehe mehrere Siegel, welche alle Herr G. R. Schuberth ausführlich beschreibt.

V. Verzeichniß Bambergischer Münzen und Medaillen.*)

Bamberg hat das Münzrecht seit 1242.
Carolins.
1735.

Ein Carolin von Fürst Bischof Friedrich Karl, Graf von Schönborn. Avers. Das Brustbild Frid. Car. D. G. Ep. Bamb. et Herb. S. R. I. Pr. F. O. D. Nevers. Candide et Cordate Pro Fide et Patria. 1735. Mit dem Wappen.

Ein

---

eignen Abschnitt gewidmet, S. 197—232 mit 2 Kupfertafeln. Sie sind von dem zu frühzeitig verstorbenen Sohne des sel. Archivar Heybergers gezeichnet.

*) Ich übergehe die Münzen der Bamberg⸗ und Wirzburgischen Fürstbischöfe, die mit W bezeichnet sind, und also nicht hieher gehören.

Ein zierlicher halber Carolin von eben diesem Jahre, mit dem Wappen; darunter steht 5 Gd. (5 Gulden.) J. C. von Soothe Hamburgisch. Duc. Kab. S. 114, num. 774.

Ein Carolin von 1736; mit dem verzogenen Namen.

Ein halber von diesem Jahre; eben so.

Goldgulden und Dukaten.

1506.

Ein höchst seltener Goldgulden. Avers K. Heinrich II stehend, mit der Krone auf dem Haupte; er hält den Scepter in der rechten, und den Reichsapfel in der linken Hand: S. Heinricus. Imperato. Revers. Das Bambergische und Limburgische Geschlechtswappen in zwey Schildern, unter einer Krone: Mone. aur. Georgi. Epi. Bambe. 1506. Joh. Tob. Köhlers Ducaten-Cab. n. 1569.

1513.

Ein anderer eben so seltner Goldgulden; eben so. 1513. Georg Schenk von Limburg regierte vom 13 Febr. 1505 bis 1522 den 31 May. Bey Köhlern steht falsch 1529, statt 1522.

1600.

Ein höchst seltener Ducaten. Ioan. Philippus. D. G. Eps. Bamberg. Zween Wappenschilde, der Bambergische und Gebsattelische, unter einer Kaiserkrone.

Revers.

V. Bambergs Münzen.

Revers. Rudo. II. D G. Rom. Imp. S. Augustus. K. Heinrich und Kunegund tragen die Domkirche auf den Händen; zu ihren Füssen ist des Bischofs Geschlechtswappen in einem kleinen Schilde. Auserles. Ducatenkabinet, Hamb. 1784. gr. 8. S. 113. num. 768. Sehr selten.

1622.

Ein Goldgulden. A. Das gekrönte und quadrirte von Aschhausische Wappen, mit einem Mittelschilde und vier Helmen: Joh. Godef. D. G. Eps. Bamb. et Wirtz. Franc. Orient. Dux. Revers. Obiit. 29 Dec. Anno 1622. Reg B. A. 13. M. V. D. 8. Wirtzb. A. V. M. 2. D. 24. Aetatis 47. Darunter ist ein Reichsapfel, in welchem der Buchstabe W. Köhlers Duc. Cab. n. 1570.

Zwischen 1623 bis 1633.

Iohannes Georgius. D. G. Episco. Bamberg. Des Bischofs Brustbild, mit dem Jesuiterbaret auf dem Haupte.

Revers. Heinrich und Kunegund tragen die Domkirche. Unten das Fuchs von Dornheimische Wappen.

1637.

Ein Dukate. Franciscq D. G. Eps. Bamb. et W. Fr O Dux. Ein mit der Kaiserkrone geschmückter vierfeldiger Hatzfeldischer Wappen Schild ꝛc. Neben dem Schwerde 1637.

Revers.

V. Bambergs Münzen.

Revers Clypeus omnibᵫ In Te Speranti. Ein auf den Wolken sitzendes Marienbild. J. E v. Soothe Hamburg. Duc. kab. S. 113, n. 769.

1638.
Eben so vom J. 1638. Köhlerisches Duc. kab. n. 1571.

1647.
Ein Dukate. Melchior. Otto. D. G. Epi. Bamb. Dessen Brustbild ⁊c.

Revers. Das mit der Kaiserkrone und bischöflichen Insignien quadrirte Wappen; auf den Seiten 1647. Köhler Duc. kab. n. 1572. v. Soothe Hamb. Duk. Cab. n. 770.

1657.
Ein Dukate, den weder Köhler noch Soothe hat. Vom Bischoffe Philipp Valentin, Voit von Rienek.

1729.
Ein schöner, auf Medaillen-Art gemachter Dukate Bischoffs Friedrich Karl, Grafen von Schönborn. A. Das Brustbild: Frid. Carl. D. G. Ep. Bamb. et Herb. S. R. I. Pr. F. O. D. R. Das mit vier Helmen und der kaiserl. Krone bedeckte, und von zween Löwen gehaltene Wappen: Pro. fide. et. Patria. candide. et. cordate. Im Abschnitte 1729. Köhler, n. 1573.

Noch ein zierlicher Dukate von diesem Jahre. A. Das mit 4 Helmen, der kaiserl. Krone, und den bischöflichen Insignien gezierte, und von zween Löwen gehaltene Wappen, mit obiger Umschrift. R. mit obiger Schrift. Der doppelte Namenszug F. C. in einem zierlichen und mit dem Fürstenhuthe gezierten Schilde. Unten 1729. Köhler, n. 1574. v. Soothe, n. 771.

1731.

Eben so. Ueber dem Wappen 1731. Köhler, n. 1575. Soothe n. 772.

1732.

Eben so. Ueber dem Wappen 1732. Soothe, n. 773.

1750.

Ein Dukate vom Bischoff Johann Philipp Anton von Frankenstein, mit dessen Brustbilde. R. Das Wappen. Inuiolata fides pax et concordia firmant.

1753.

Ein Huldigungsdukate auf Fürstbischoff Franz Konrad Graf von Stadion. A. Franc. Conrad. D. G. Episc. Bamb. S. R. I. Princ. Das Brustbild in Rochetto, mit dem Kreuzchen auf der Brust. R. Astraea Longos ConCeDat RegIMInis Annos. (1753.) Das mit 5 Helmen, dem Kreuze, Schwerde und Bischofsstabe gezierte Wappen; auf den Seiten C G L und unten Ita uouet S. P. Q. B. Soothe, n. 775.

Die Dukaten der Fürstbischöffe Adam Friedrichs Graf von Seinsheim, und Franz Ludwigs von Erthal

Erthel gehören nicht hieher, sondern zu den Wirzburgischen.

Silbermünzen.

Medaillen.

1601. Eine seltne ovale Medaille vom Bischoffe Johann Philipp von Gebsattel. Domine nolo uiuere nisi tecum moriar. Wiegt ein Loth.

1649. Eine schöne ovale Medaille Bischoffs Melchior Otto Voit von Salzburg. 3 Quint schwehr.

1729. Bischofs Friedrich Karl von Schönborn Silbermünze, mit dem verzogenen Namen.

1746. Eine 2 Loth schwehre Medaille auf die Erwählung Bischoffs Johann Philipp Antons von Frankenstein. In tribus his patriae iungitur omne bonum. 1746.

1746. Die schöne Sedisvacanz Medaille in Thalergröße, von Oexlein, mit Iam uiget in Matre. 2 Loth, 3 Quint 1 Pf. schwer. Madai, n. 5723.

Eine andere Thalerförmige von P. P. Werner. 2 Loth 3 Pfen. schwer. 1746. Madai, n. 5413.

Die Wernerische Sedisvacanzmedaille von 1753, mit der Umschrift: Sub umbra alarum tuarum, auf dem Avers und Revers. 2 Loth schwer.

Die Medaille von Oexlein auf diese Sedisvacanz, mit dem heil. Georg und Heinrich. Beyde zu Pferde, und mit Pistolen. 1 Loth, 2 Quintlein. *)

Eben diese ohne Pistolen. 1 Loth 2 Quint.

Eine Medaille auf die Wahl Bischoffs Franz Konrad Grafen von Stadion. HaeC est eLeCtIo DoMInI. (1753) 2 Loth.

Eine Medaille von Oerlein auf diese Wahl. Fulgore Germaniae prima foecunda heroum. 1 Loth 2 Quint.

Eine Medaille auf die Sedisvacanz von 1757 mit Vacans non uacat. 3 Loth.

Neuere sind mir unbekannt.

Thaler.

1506. Mit Mönchsschrift: Moneta noua. argent. Georgius. (anstatt Georgii) Epis. Bambe: (rgensis) zwey Wappen, das Bambergische, und Schenkische. und darüber die kaiserl. Krone. R. Sanctus Heinricus Imperator. 1506. Des Kaisers Heinrichs Bildniß mit dem Scepter in der rechten, und dem Reichsapfel in der linken Hand. Dieser hauptrare Thaler Bischoffs George Schenkens von Limburg ist in dem von Berend Arends gedruckten Münzbuche, (Hamburg 1636. 4.) a. d. 118ten Seite angezeiget. Madai, n. 773.

Ich führe die übrigen nach Madai an.

Zwischen

---

*) (J. G. F. v. Hagen) Verzeichniß eines zahlreichen Original-Münzkabinets. Nürnb. 1769. 8. S. 204.

V. Bambergs Münzen.

Zwischen 1611 und 1638. Madai, n. 782. Höchstselten. Ist vom Dompropste Joh. Eph. Neustetter, genannt Stürmer.

Zwischen 1623 und 1633. Madai, n. 774.

1633. Madai, n. 6398. Sehr rar.

1649. Madai, n. 775.

1657. Madai, n. 776.

1680. Madai, n. 777.

Ein halber Thaler. Madai, 6399.

1681. länglich rund. Madai, n. 3298.

1687. Madai, n. 778.

1691. Madai, n. 779.

1693. Sede uacante. Madai, n. 780.

1694. Madai, n. 781.

1746. Sede uacante. Madai, n. 5413.

―― Eine schöne Medaille, in Thalergröße. Madai. n. 5723.

1750. Madai, n. 3299.

1753. Sede uacante, Madai, n. 6400.

Neuere sind ohnehin bekannt, und gehören zu den Wirzburgischen Münzen.

Kopfstücke.

1624. Ein doppeltes Kopfstück von Johann Georg Fuchs von Dornheim.

1762. Ein seltenes Kopfstück vom Bischoffe Adam Friedrich Grafen von Seinsheim.

Solidi,

V. Bambergs Münzen.

Solidi, oder Dickpfenninge.

Zwischen 1433—1459. Ein Solidus vom Fürst-bischofe Anton von Rotenhahn, mit dem heil. Heinrich.

1510. Eine Silbermünze von Bischof Georg Schenk von Limburg, mit dem heil. Heinrich.

1513. Eben so.

Batzen.

1627. Ein guter Batze Bischoffs Johann Georg Fuchs von Dornheim.

1630. Ein anderer.

1680. Ein guter Batze vom Bischoff Peter Philipp von Dernbach.

1698. Einer vom Bischoffe Lothar Franz Grafen von Schönborn.

Landmünzen und Groschen.

1629. Eine Landmünze vom Bischoffe Johann Georg Fuchs von Dornheim.

1649. Vom Bischoffe Melchior Otto Voit von Salzburg.

1653. Ein Sterbegrosche dieses Fürsten.

1672. Ein Sterbegrosche Bischoffs Philipp Valentin Voit von Rienek.

1676. Eine Landmünze vom Bischoffe Peter Philipp von Dernbach.

1683. Ein guter Grosche von eben diesem Fürsten.

1684. Ein anderer vom Bischoffe Marquard Sebastian Schenk von Stauffenberg.

1685.

V. Bambergs Münzen.

1685. Ein anderer.
1693. Ein Sterbegrosche von diesem Fürsten.
1696. Eine Landmünze vom Bischoffe Lothar Franz Grafen von Schönborn.
1753. Ein Sterbegrosche vom Bischoffe Johann Philipp Anton von Frankenstein.
1757. Einer vom Bischoffe Franz Konrad Grafen von Stadion.
1766. Eine einfache, und eine doppelte Landmünze vom Bischoffe Adam Friedrich Grafen von Seinsheim.
    A. Brustbild K. Heinrichs, mit Scepter und Reichsapfel. S. Heinricus Imperator. R. $2\frac{1}{2}$ kr. Bamberg. Landm. 1766. S (N) R. (Samuel Riedner, Münzmeister in Nürnberg.)

Kreuzer.

1622. Ein kupferner Kreuzer vom Bischoffe Johann Gottfried von Aschhausen.
1763. Ein Kreuzer, Nach dem Crais Schlus, vom Bischoffe Adam Friedrich Grafen von Seinsheim.
1765. Ein anderer.
1766. Ein anderer.

Pfenninge.

1622. Ein Dreypfenninger von Bischoffe Johann Gottfried von Aschhausen.
1649. Ein Pfenning vom Bischoffe Melchior Otto Voit von Salzburg.

1685.

V. Bambergs Münzen.

1685. Vom Bischoffe Marquard Sebastian Schenk von Stauffenberg.

1713. Ein Pfenning vom Bischoffe Lothar Franz Grafen von Schönborn.

1761. Ein Leichter Pfenning von Kupfer; vom Bischoffe Adam Friedrich Graf von Seinsheim.

Heller.

Es gibt sehr alte Heller, mit dem Bambergischen Wappen auf der einen, und B. auf der andern Seite.

Andere haben unten den Buchstaben B wieder andere den Buchstaben N. zum Zeichen, daß sie in Nürnberg geschlagen worden.

Zwischen 1433—1459. Heller vom Fürst Bischof Anton von Rotenhahn, unten B.

Zwischen 1505—1522. Ein Heller Fürstbischofs Georg Schenks von Limburg.

1624. Ein Heller von gutem Silber vom Bischoffe Johann Georg Fuchs von Dornheim.

1683. Ein Dreyhellerstück vom Bischoffe Peter Philipp von Dernbach.

1686. Ein Dreyhellerstück vom Bischoffe Marquard Sebastian Schenk von Stauffenberg.

1688. Ein anderes.

VI. Politische Verfassung.

Ein Fürstbischof von Bamberg hat auf dem Reichstage im Reichsfürstenräthe auf der geistlichen

VI. Politische Verfassung.

chen Bank die vierte Stelle. Er ist Mitkreisaus-
schreibender Fürst und Director des fränkischen
Kreises. Der Reichsmatrikularanschlag des Bis-
thums ist 437 Gulden. Zu einem Kammerziel
giebt es 574 Rthlr. 78¼ Kr.

K. Heinrich verordnete den König von Böheim
zum Oberschenken des Hochstifts; den Kurfürsten
zu Pfalz zum Obertruchseß; den Kurfürsten zu
Sachsen zum Obermarschall; und den Kurfürsten
zu Brandenburg zum Oberkämmerer.*) Diese
Kurfürsten belehnen folgende vier alte Geschlechter
der Ritterschaft in Franken mit den vier Unteräm-
tern. Das Unterschenkenamt haben die von Aufsees; das Untertruchseßamt die von Bibra; das Un-
termarschallamt die von Staufenberg seitdem 1728
die von Ebnet ausgestorben sind; und das Unter-
kämmereramt die von Rothenhahn.

**Das geheime Cabinet, oder die geheime
Hofkanzley**

ist das Centrum aller Geschäfte.

Für

---

*) Nachricht von dem Chur-Brandenburgischen Ober-
Kämmerer-Amt beym Stiffte Bamberg; in A. Kni-
chenii opere polit. T. II. p. 271; und in Lünigs
Grundveste, I. Th. S. 331—333. Car. Guil. Gaertner et Ioh. Gottlieb Behrnauer diss. de S. R. I. Electorum, in primis Saxoniae, Feudis et Officiis Bambergensibus, pag. 19 seq.

VI. Politische Verfassung.

Für die Reichs- und Kreissachen, und andere Staatsgeschäfte, ist die geheime Staatsconferenz niedergesetzt. s. Hrn Hofkammerassessors Schneidawind Versuch einer statistischen Beschr. Bambergs, S. 286.

Das Vicariat

ist die oberste geistliche Stelle Bambergs, anjetzt nebst dem im Jahre 1748 neu aufgestellten Präsidenten, dem Suffraganbischoffe, und einem weltlichen Milderstiftungenconsulenten, mit acht bis zehn Geistlichen Räthen besetzt.

Die Direction der Geschäfte hat allzeit ein zeitiger Weihbischoff oder im Hinderungsfalle, der älteste der Räthe statt seiner.*)

Seit 1497 ist die Pfarrstelle bey St. Martin in den Händen des Suffraganbischoffes, der dicht daran seine herrliche Wohnung hat.

Suffraganbischöfe Bambergs.

Im vierzehnten Jahrhunderte:

Wolframus.
Albertus de Beuchlingen.
Waltherus Epis. Nicopolitanus.
Ioannes Ep. Yponensis.
Waltherus Ep. Nicopolitanus.
Ioannes Ep. Rutinensis.

In dem fünfzehenten Jahrhunderte.

Eringus archiep. annaversensis.
Conradus.

*) Pfeufer, S. 54 u. f.

In diesem Jahrhunderte waren manchmal 2, 3 auch 4 zugleich angestellt, die ihren Verrichtungen auf dem Lande vorstunden.

Waltherus Ep. Diagorganensis.
Petrus Ep. Mitrocomianus.
Hugo Ep. Nicopolitanus.
Ioannes de Heldin Ep. Schopiensis.
Ioannes Ep. Acconensis.
Ioannes Ep. Ebronensis.
Hieronymus de Reizenstein Ep. Naturensis.

In dem sechzehnten Jahrhunderte.

Casparus Preil Ep. Naturensis.
Andreas Hanlin Ep. Naturensis.
Ioannes Rieger Ep. Naturensis.
Petrus Rau Ep. Naturensis.
Paulus Iaeger Ep. Naturensis.
Fridericus Lichtenauer Ep. Naturensis.
Iacobus Feucht Ep. Naturensis.
Ioannes Ertlin Ep. Naturensis.

In dem siebenzehenten Jahrhunderte.

Ioannes Schoner Epis. Naturensis. (Dieser wurde gleich nach seiner Consecration abgeschafft, quia, ut fertur, se non adeo benevolum in cassandis concubinis ostenderet, immediatusque solius summi pontificis esse vellet.)

Fridericus Förner Ep. Hebronensis.

Von 1630 an bestand kein Weihbischof, sondern die Verrichtungen geschahen durch Aushülfe dazu ausersehener aus den Nebenstiften: als: Daniel Beßler, Paul Stürmer, Julius Scharrer,

VI. Politische Verfassung.

Ernst Bonn, Joh. Murmann, Johann Mölkner, bis gegen das Ende dieses Jahrhunderts, wo wieder angestellt ward

Matthias Epſ. Coronensis.

In dem achtzehnten Jahrhunderte.

Wernerus Schnatz Ep. Dragonensis.
Franciscus de Hann Ep. Aradensis.
Iosephus de Nitschke Ep. Antipatrensis.
Itzt Ioh. Adamus Behr Ep. Himeriensis.

Das oberste Justiz und Landesregierungscollegium.

Das Hofgericht, die älteste der Bambergischen fürstlichen Gerichtsstellen, wurde 1639 aufgehoben, und ein Landesregierungscollegium errichtet. Dazu gehöret

1. der Lehenhof,

der aus dem Lehenprobste, als dem einzigen und beständigen Referenten in Lehensachen, aus einem Secretair, einem Ingrossisten und Registrator bestehet.

2. Das Malefizamt.

Es hat einen Präsidenten, (der zugleich Oberschultheis oder Vicedom in der Stadt Bamberg ist) vier Räthe und einen Secretair. Nur weltliche Personen werden von diesem Amte untersucht.

Das Landgericht

hatte seit Bischoff Heinrich 1248 seinen eigenen Richter nebst Beysitzern. Es wurde 1503 reformi-

VI. Politische Verfassung.

formiret, da auch die Reformation des Landgerichts gedruckt wurde.*) Fürstbischof Peter Philipp von Dernbach, der eigentliche Stifter von Bambergs dermaligen Regierungsverfassung, setzte im J. 1639. am 29 Jul. Gränzen zwischen der Gerichtsbarkeit des Hofgerichts **) und des Landgerichts. Die Appellationen sollten allezeit von Urtheilen der Immunitätgerichte an das Hofgericht gehen. In Ansehung Bürgermeister und Raths kam erst 1707 unter der Regierung Franz Lothars die Verordnung heraus, nach welcher dem Landgerichte die Obsignaturen, Inventuren, Vormünderbestellung und Reklamationen von der bambergischen Gütergemeinschaft bey allen Bediensigten in der Stadt und auf dem Lande, doch dergestalt zugetheilt sind, daß, da alle Bürgerrathspersonen und Bürger der Rathsgerichtsbarkeit allein unterstellt bleiben sollen, auch das Magistratsglied, wenn es auch andere Hofdienste haben würde, dennoch dem Landgerichte nicht, sondern gedachtem Magistrate, untergeordnet seyn soll.

---

*) Des Lantgerichts zu Bamberg Reformation. Am Ende steht: Geben in vnser Stadt Bamberg. — Am Montag nach Sandt Johannstag Sunwenden 1503. Zwölf Folioblätter. Ist in der Ebnerischen Bibliothek.

**) Pfeufer S. 130 u. f.

VI. Politische Verfassung.

Es bestehet jetzt aus einem stiftsmäßigen Cavalier, als Landrichter, einem Hof- und Regierungsrathe, als Landschreibern, und nebst dem Actuar, aus verschiedenen der Rechte kundigen Assessoren, von deren Urtheilssprüchen nicht an die Regierung, sondern (wie schon vormals) an das Hofgericht appellirt wird.

Der Hofkriegsrath

wurde vom Fürsten Friedrich Karl 1737 zu einer förmlichen Gerichtsstelle erhoben; aber der vorige unvergeßliche Fürst Franz Ludwig verordnete 1781, daß jederzeit bey der Berathung einer Civilsache, einige Regierungsräthe anwesend seyn sollen.

* * *

Die Steuer (wovon auch die Geistlichkeit nicht ausgenommen ist) wird durchaus mit drey Gulden und zwölf Kreuzern vom Hunderte entrichtet.

Die Hofkammer und Obereinnahme hat ihren Sitz im bischöflichen Sommerschlosse Geyerswerth, und die weltliche Regierung in einem Flügel der jetzigen Fürst-Bischöflichen Residenz.

Der Stadtrath

besteht aus dem Stadtrichter, vier Viertelsbürgermeistern, einem Syndikus, vier Unterbürgermeistern, und zwanzig Stadträthen.

* * *

VI. Politische Verfassung.

Volksmenge.

	Seelen	
Im J. 1789 zählte man		1790
in der obern Pfarre	8240	7335
in der St. Martinspfarre	8611	8504
	16851	15839

Berechnet man die Dompfarre, die Abtey Michelsberg, die Dom- und Kanonikathäuser, St. Stephan, St. Gangolph, St. Jakob und ihre Pfarreyen, nebst den drey Nonnenklöstern, und den Klöstern der Dominicaner, Franciscaner, Karmeliten, und Capuziner, nebst den Juden, die etwa 32 Haushaltungen stark sind, auf 4000 Seelen, so kann man mit Sicherheit die Seelenanzahl, Bambergs zwischen 19 bis 20000 setzen, so daß sich die Lebenden zu den Gestorbenen wie 30 zu 1 verhalten. Eingepfarrte Dorfschaften und Höfe sind nicht mitgezählt, weil blos von der Stadt die Rede ist. Im J. 1791 zählte

	Seelen	
die obere Pfarre	7226	in der Stadt.
die Pfarre zu St. Martin	8658	
	15884	

f F. A. Schneidawinds Kirchenlisten der obern und der St. Martins Pfarren zu Bamberg, nebst einigen Bemerkungen; im 6ten Hefte des vierten Bandes des Journals von und für Deutschland, S. 756—763.

VI. Politische Verfassung.

Im J. 1796 waren 117 Protestanten in der Stadt Bamberg.

Die Anzahl der Juden wird sich höchstens auf 32 Haushaltungen erstrecken.

* * *

Die Consumtion ist beträchtlich.

Im Jahre 1789 wurden zu Bamberg

2241 Ochsen
 335 Kühe
  28 Stier und Kalben
3228 Kälber
2117 Schweine
 809 Hämmel und Schafe
 238 Lämmer und junge Ziegen
 281 Böcke und Geiße

nur in der Accisrolle bemerkt.

* * *

Leider! ist Bambergs Handel passiv, wegen Mangel eigner Manufakturen; jedoch steigt auch hierinn immer mehr Betriebsamkeit empor.*)

Die vom Herrn Stadtrath und Kaufmanne Johann Georg Biswanger angelegte Zitz- und Cottonfabrik macht Bamberg Ehre. Dieser würdige Mann ließ sich durch keine Hindernisse abschröcken. Er ist der erste, der im Bambergischen Farbekräuter zog. Die Musterkarte von Zitzen hat über

312,

---

*) Man sehe Herrn Schneidawinds achten Abschnitt, von Manufacturen.

VI. Politische Verfassung.

312, die von Manchestern 474 Muster. Aechtheit der Farben, und Manchfaltigkeit der Desseins (Herr Biswanger ist selbst Zeichner) sind vorzüglich zu rühmen. Es sind da ganz neue Artickel zu haben: Paraplües mit Einfassungen, Ofen- oder Caminschirme, Rollvorhänge vor Fenster, Kniebänder für Frauenzimmer, Bettdecken ꝛc. alle mit niedlichen Blumenkörben und Inschriften in verschiedenen Sprachen.

In der Stadt ist eine Papierfärberey und Glätterey, eine Stärk- und Puderfabrike, auch Siegelwachsfabriken. Mehrere außerhalb der Stadt kann man bey Herrn Schneidawind, I. Abth. S. 121 u. f. nachlesen.

Im Jahre 1788 zählte man in Bamberg 1624 besetzte Werkstätte, 1003 Handwerksgesellen, und 248 Lehrjungen.*)

Der eigentliche Activhandel besteht in Saamenwaaren, dürrem Obste, Pottasche, Schmalz, Unschlitt, und Hirsen, nebst viel Gemüße, das in die angränzenden Gegenden verführt wird.

Das bekannte Süßholz geht meistens nach Prag, Wien und Ungarn. Es werden jährlich gegen 150 Centner zu 8 bis 10 Reichsthaler verkauft.

Gedörrtes Obst fast aller Gattungen geht theils zu Wasser, bis nach Holland, theils zu Lande nach Ober- und Niedersachsen, und Böhmen.

*) Pfeufer, S. 146, 148 u. f.

VI. Politische Verfassung.

Bamberg hat gegen funfzig Fahrzeuge von allerley Gattungen, worunter Schiffe sind, welche 4 bis 800 Centner führen. Alle 14 Tage geht ein großes Schiff nach Frankfurt und Maynz ab.

* * *

Bamberger Maas.

Wenn man dem Pariser Fuß 1440 Theile giebt, so hat bey dessen Vergleichung der Bamberger $1243\frac{2}{3}$ Theile: so daß 13 Bamberger Schuhe 12 Nürnbergische ausmachen.

* * *

Die Bürger in der St. Martinspfarre sind zollfrey in Nürnberg.

Die Jahrmärkte sind im Gertnerischen Stadt- und Landkalender verzeichnet.

Ueber die Handelsmessen hat Herr Schneidawind ein gutes Wort zur Beherzigung den Freunden ihres Vaterlandes vorgelegt; im 5ten Hefte des vierten Bandes des Journals von und für Franken. 1792. 8. S. 628—642.

* * *

Verlagshandlungen sind drey: die Göbhardtische Universitätsbuchhandlung und die Dederichische, nebst der Lachmüllerischen Kunst- und Buchhandlung.

Buchdruckereyen sind drey: des Hof- und Domkapitelischen Buchdruckers Michael Gertners, und des geschickten Universitätsbuchdruckers Johann Georg Klitsch, der zugleich Schriftgießer, Kupferstecher, Form- und Münzstempelschneider ist.

* * *

Unter

VI. Politische Verfassung.

Unter den ältern gelehrten Bambergern*) glänzen die Namen eines Bischoffs Leopold von Bebenburg, Conrad Celtes? Georg Hartmann, Joachim Camerarius, Johann Schoners, Johann, Freyherrn von Schwarzenberg, Esrom Rüdingers, Martin Crusius, und Christoph Clavius, der den ersten Platz verdienet. Unter den Künstlern ist der Name eines Lukas Cranachs unsterblich. Diese und mehrere alte und neue kann man in der ersten Abtheilung von Herrn F. A. Schneidawinds Versuche einer statistischen Beschreibung des Hochstifts Bamberg, S. 252—280 nachlesen. Er hat Johann Faber, einen römischen Arzt und Botaniker aus Bamberg gebürtig, der ein Freund Caspar Schoppens war, ausgelassen. Von diesem hat man einen sehr guten Commentarium in Imagines Illustrium, ex Fuluii Vrsini Bibliotheca, Antuerpiae a Theodoro Gallaeo expressas. Antuerp. 1606. 4. Mit 151 Kupfertafeln.

Welchem Freunde Bambergs sind unter den jetzt lebenden Gelehrten Prof. Jacobs, Möhrlein, Limmer, Döllinger, Molitor, Marcus, Schuberth, Pflaum, Reider, Gönner, Geuß, Frey, Schellenberger, Weyermann, Dorn, Gotthard, Roppelt, Westen, Gley, Weber, Schneidawind, Wehrl, ꝛc. unbekannt?

---

*) Panegyricus Soc. Iesu Fundatori Acad. nouae Bambergensis, Dom. Episcopo Melchiori Ottoni oblatus; Bamb. 1649. 4. pag. 29 seq.

Den Bamberger beschreibe ich mit den Worten des ehemaligen Herrn Obristhofmeisters Graf Alexanders Rotenhahns, eines Mannes von großen Menschen- und Geschäftskenntnissen: Aus dem Bamberger ist alles zu machen; er braucht nur Leitung und einen elektrischen Stoß, seine Geisteskraft in volle Thätigkeit zu bringen.

Von Bambergischen Kupferwerken sind mir folgende bekannt. In Ludewigs Script. Bamberg. Vol. I. sind 36 Bildnisse von Bambergischen Bischöffen. Auch besonders, mit dem Titel:

Imperialis cathedralis Ecclesia Bambergensis in iconibus Episcoporum suorum S. R. I. Principum, a primaeua fundatione ad nostra usque tempora e tumulo resuscitata, cum adiunctis quaternis agnatorum insignibus et succincta electionum, regiminum obitusque eorum historia. Herbipoli, 1717. fol.

Sie wurden wieder verkauft unter dem Titel:

Facta et Imagines magnorum Praesulum Bambergensium ab Eberhardo I, S. Henrici Cancellario, usque ad Fridericum Carolum ex illustrissima Familia Comitum de Schoenborn. fol.

Aller Aebte zu Langenheim Bildnisse, 1725. an der Zahl 34. in Fol.

Prospecte vom Seehof.

Einzelne Blätter sind an ihren gehörigen Orten angezeigt.

VII.

Geistliche Gebäude.

Kirchen und Klöster.
Die Domkirche

wurde vom Bischofe Otto VIII im J. 1110 erbauet, nachdem die erstere von K. Heinrich 1009 erbaute 1081 abgebrannt war.

Dieses große ehrwürdige Gebäude hat vier Thürme. Sie wurden 1571 mit Zinn, 1766 aber mit Kupfer gedeckt. Zwo Glocken führen die Namen Kunegund und Heinrich.

Die Bauart ist wirklich kühn. Sie wird von sehr hohen Säulen gestützt. Das Schiff der Kirche ist zwar etwas dunkel; aber die zween Chöre sind sehr hell.

Auf der Ostseite ist K. Heinrichs steinerne Statue.

Drey Bildsäulen zu Pferde sind vor dieser Kirche zu sehen, z. E. St. Georg, von dem sie den Namen hat. Was die zwey Thiere bedeuten sollen, weis ich nicht.

Inneres dieses Tempels.

Das Grabmal Papsts Clemens des Zweyten, eines Deutschen,*) der 1047 in Rom starb, ist in dem St. Peters Chore gegen Osten, von weißem Marmor, mit dieser Aufschrift: Primus. in. Christo. Pater. et. Dominus. D. Suidgerus. a. Meyendorf. Saxo. II. Epis. Bamb. postea summ. Pont.

---

*) Er hieß eigentlich Suibger von Meyendorf, und war der zweyte bambergische Bischoff.

Pont. Clemens II. dictus. obiit. Romae X Octobr. Anno MXXXXVII.

Gegen Westen, im Eingange zum andern Chore, steht St. Georgens Altar, von welchem dieser Chor den Namen hat. Das Altarblatt stellt das Leben des Heiligen vor, und man deutet das darauf befindliche Monogramm auf Jakob Züberlein, einen berühmten Maler und Formschneider zu Tübingen 1594, dessen Papillon gedenket.*)

Vor diesem Altare ist das schöne weiße marmorne, mit einem halb Fuß hohen eisernem Gitter eingefaßte, Grabmaal des K. Heinrichs und seiner Gemahlinn Kunegund. Ihre gekrönten Bildsäulen (die Kaiserinn ihrem Gemahle zur rechten) liegen oben in kaiserlichen Kleidern, mit Scepter und Reichsapfel in den Händen; zu den Füssen liegen zween Löwen.**) Drey Seiten dieses Grabmals stellen in hälberhabener Bildhauerarbeit die Geschichte der heiligen Kunegund vor. Es kam im J. 1513 zu Stande, wurde 1649***) am 2ten Septem-

---

*) Traité de la gravure en bois, par I. M. Papillon. T. I, à Paris, 1766. gr. 8. pag. 238.

**) Dieses findet man seit dem zwölften Jahrhunderte auf vielen Monumenten. f. *Frid. Gotthilf Freytag* Programma de ritu substernendi leones Principum pedibus. 1735. und in Iustini Bertuchii Chronico-Portensi, (Lipf. 1739. 4.) P. I, pag. 202—206.

***) In den Actis Sanctor. Antuerp, m. Iulii, T. III, p. 720. ist ein schöner Kupferstich davon von Peter Balthasar Bouttats.

September aus der Mitte der Kirche (S. 43.) in diesen St. Georgenchor gebracht, auf Befehl Fürstbischofs Melchior Otto. Nach dessen Absterben 1653 brachte Bischof Philipp Valentin das Ganze zu Stande. Die Reliquien*) der beyden kaiserlichen Leichname, die man 1649 in vier versiegelten Kisten in der Sacristey aufbewahrte, wurden am 9 Sept.

---

*) Ihre Geschichte vom J. 1147 an erzählt Sollier in den Actis SS. Antuerp. m. Iul. T. III. p. 716. §. 25—30. sehr genau. Vor dem Jahre 1380 war bereits die Hirnschale, welche besonders beym Domschatze verwahrt wurde, von dem in Leder und Seidenzeuche eingewickelten Leichname getrennt, und man nahm 1380 den Kiefer, rechten Arm, und zwo Rippen davon weg, und legte den übrigen Körper in den Sarg, in welchem zween pergamentene Zettel lagen. Auf dem einen standen diese Worte: D. Eberhardus primus huius Babenbergensis ecclesiae episcopus praescriptum S. Henricum Imperatorem tumulauit: Egilbertus nonus Babenbergensis episcopus canonizauit ipsum S. Henricum, et Eberhardus Dux Bauariae decimus Episcopus Babenb. transtulit praefatum patrem et fundatorem ecclesiae S. Henricum sanctisque locis uenerandum commendauit MCXLVII, die XIII Iulii, praesentibus ibidem uenerabilibus principibus ac Dominis D. Eberhardo Salzburgensi archiepiscopo et Hartmanno Brixiensi episcopo, cum multis aliis religiosis fidelibus ac Deo deuotis.

F

9 Sept. 1658 mit Solennitäten in diese jetzige Gruft versetzet.

Die Länge ist von sieben nürnberger Schuhen, und 11 Zoll, die Höhe aber von 4 Schuhen und 5¼ Zoll. Die Breite hat 3 Schuh 2⅞ Zoll.

Die obere oder vordere Seite des Grabmaals, gegen den Chor zu hat diese Aufschrift auf Bronze:

GLORIA HAEC EST
OMNIBVSQVE SANCTIS EIVS.

Unterhalb dieser:

D. O. M.
HVMANI GENERIS
REDEMPTORI IESV CHRISTO
HVIVS ECCLESIAE
FVNDATORIBVS, TVTORIBVS, PATRONIS,
DIVIS HENRICO ET KVNEGVNDAE
CAESAREIS ET VIRGINEIS CONIVGIBVS
ARAM, TROPHAEVM, MONVMENTVM
SACRAVIT, EREXIT, POSVIT
M. O. E. *)

An den übrigen drey Seiten dieses marmornen Monuments sind Vorstellungen aus dem Leben der beyden Heiligen, in erhobener Arbeit, oder Basreliefs.

Die Seite K. Heinrichs hat diese zwo Vorstellungen:

1. Ein

---

*) Melchior Otto Episcopus. Ein gebohrner Voit von Salzburg, der von 1642 bis 1653 regierte, und 1648 die Universität stiftete.

Die Domkirche.

1. Ein Engel wiegt auf einer Waage einen leeren Kelch, der das Uebergewicht hat. Aus der Legende.

2. Heinrich wird durch den erscheinenden heil. Benedict im Kloster auf Monte Caſſino vom Steine curirt.

Auf St. Kunegunds Seite:

1. Wie sie auf den glühenden Pflugschaaren geht.

2. Kunegund bezahlt 1019 die Bauleute der Stiftskirche zu St. Stephan aus einer Schale,*) von der ich unten bey Beschreibung der Kostbarkeiten auf dem Mönchsberge mehr sagen werde.

Zu den Füſſen des Grabmals, unterhalb des Löwen, stellt das Basrelief den sterbenden Heinrich vor. Er deutet auf die weinende Kaiserinn, als ob er zu den Umstehenden sagte: Nehmt eure Jungfrau wieder, die ihr mir gegeben habt.**)

Begräbniß-Monumente von Bischöfen Bambergs in dieser Kirche.

In St. Georgen Chore.

Nahe am St. Johann des Evangelisten Altare liegt Hartwig der dritte Bischof von Bamberg (†1054)

---

*) Gottfr. Henschen, in Actis SS. Antuerp. m. Mart. T. I, pag. 271, §. 4, n. 25.

**) Bulla Canoniſat. Cunigundae ap. Mabill. Annal. Ord. Bened. Saec. VI, P. I, p. 467.

(† 1054) begraben, wie eine im Stein gehauene Inschrift bezeuget.

Neben dem St. Georgenaltare. Adalbero, der vierte Bischof.

Bey dem Philippi und Jacobialtare. Günther, der fünfte Bischof, hat dieses Epitaphium:

Praeful Guntherus ut cum donis prece clerus

Adiuuet, hortatur, cui multa dediſſe probatur.

Nahe bey St. Kilians Kapelle. Rupertus, der siebente Bischof.

Hinter dem Philippi und Jacobi Altare. Otho II. der freygebige, zwölfter Bischof.

Neben St. Gertraudskapelle, vor dem St. Morizaltare. Eckbert, der funfzehnte Bischof.

Vor dem Marienaltare. Berthold aus dem gräflichen Geschlechte von Leiningen, achtzehnter Bischof.

Da, wo der Priester bey der Meſſe sitzt. Georg Marſchalk von Ebnet, acht und dreyßigster Bischof.

In St. Peters Chore.

Bey dem Eingange in die Domschatz-Sakristey. Leopold I. der zwanzigste Bischof.

Neben dieser Sakristey. Leopold II. von Eglofstein, fünf und zwanzigster Bischof.

Bey der Kanzel, vor dem St. Barbaraaltare. Friedrich I. Graf von Hohenloh, sechs und zwanzigster Bischof.

Die Domkirche.

Am Pfeiler von St. Lorenzenaltare. Leopold III. von Bebenburg, sieben und zwanzigster Bischoff.

Vor St. Matthiasaltare. Friedrich, Graf von Truhendingen, acht und zwanzigster Bischof.

Vor St. Veits Altare. Albrecht, Graf von Wertheim, ein und dreyßigster Bischof.

Vor St. Pauls Altare. Anton von Rothenhahn, drey und dreyßigster Bischof. Er hat auf dem rechten Backen eine große Schramme. In einem Bürgertumulte 1435 riß ihm einer von den Bürgermeistern, ein Fleischer, die Wange auf.

Neben Leopolds III Grabe. Georg von Schaumberg, vier und dreyßigster Bischof.

Neben dem großen Marienaltare, bey der Sakristey. Philipp Graf von Henneberg, fünf und dreyßigster Bischof.

Nahe am bischöflichen Sitze. Heinrich Groß von Trockau, sechs und dreyßigster Bischof.

Veit Truchses von Pommersfelden, sieben und dreyßigster Bischof.

Neben der Sakristey. Georg Schenk von Limburg, neun und dreyßigster Bischof.

Bey dem drey Königsaltare. Wigand von Redwitz, vierzigster Bischof.

Zur rechten Seite des grossen Marienaltars, neben der Sakristey. Georg Fuchs von Rügheim, ein und vierzigster Bischof.

Am Pfeiler bey St. Simonis und Judä Altar. Veit von Wirzburg, zwen und vierzigster Bischof.

Im Gange gegen St. Veits Altar. Johann Georg Zobel von Gibelstadt, drey und vierzigster Bischof.

Gleich daneben, vor Simons und Judä Altar. Ernst von Mengersdorf, fünf und vierzigster Bischof, ein sehr gelehrter Herr. Sein marmornes Denkmaal hat diese Aufschrift:

Ingenii nis acris, amor pietatis et aequi,
   Doctrina, eloquii cum grauitate decus,
Spes charitum, fauor Aonidum, mens principe digna,
   Praesulis Ernesti, sub tumulo hoc recubant.

An dem Pfeiler, wo man in St. Peters Chor geht. Neidhart von Thüngen, sechs und vierzigster Bischof.

Im Gange gegen die Sakristey. Philipp von Gebsattel, sieben und vierzigster Bischof.

In eben diesem Gange ist die Gruft des ein und funfzigsten ruhmvollen Bischofs Melchior Otto (Voit von Salzburg) Er ist vorgestellt wie er sein Haupt auf die Weltkugel lehnt.

Bey St. Lorenzen Altare. Das schöne Monument Philipp Valentins (Voit von Rieneck) zwey und funfzigsten Bischofes. Seine Bildsäule steht in Lebensgröße von Metall in einer Nische, mit seinem Wappen, auf einem Fußgestelle von schwarzem Marmor.

Am St. Johannis Altare. Marquard Sebastian Schenk von Staufenberg, vier und funfzigster Bischof.

Die Domkirche.

Bey St. Kunegunds Altare. Lotharius Franz von Schönborn, fünf und funfzigster Bischof.

Das Monument ist von weißem und schwarzem Marmor

Gegen über. Friedrich Karl von Schönborn, sechs und funfzigster Bischof.

An St. Kunegunds Altare, auf der Evangeliumseite. Philipp Anton von Frankenstein, sieben und funfzigster Bischof.

Neben St. Veitsaltare. Ein marmornes Monument des acht und funfzigsten Bischofs Franz Konrad von Stadion.

Neben St. Kunegunds Altare. Eines von schwarzem und weisem Marmor Adam Friedrichs, (Grafen von Seinsheim) neun und funfzigsten Bischofs.

Die große Begräbnißkapelle des Domkapitels, welche St. Andreas gewidmet ist, hat ein schönes Altarblatt, Mariä Himmelfahrt, von Oswald Onghers 1653. Auch das am Altare Johann des Täufers ist von ihm.

Das am Dreykönigsaltare ist von Johann Rotenhammer, wo ich nicht irre.

Die Erweckung Lazari soll von Johann Baptista Barbé aus Antwerpen seyn, der um 1610 lebte. Allein dieser war ein Kupferstecher und hat meines Wissens nie gemalt.

Oben ist ein prächtiges mit Heiligen und Wappen bemaltes Fenster.

Die Domkirche.

Eine große Anzahl mössingener Platten mit Bildnissen und Wappen vieler Domherren, welche vormals auf dem Boden, über den Grüften waren, ließ Dombechant von Werdenstein, mit Gutachten des hohen Domkapitels, säubern, und an die Mauer in gleicher Reihe befestigen, in folgender Ordnung, theils Wappen und Epitaphien von Stein und Bronze, theils Bildnisse von Bronze.

N. 1. Adam Groß von Trockau, 1609.
2. Friedrich, (1503) Matthias (1510) und Georg von Schaumberg. 1514.
3. Georg Graf von Löwenstein 1464. Johann Marschalk von Ebnet. 1472. Christoph von Thüngsfeld 1510.
4. Sebastian Schenk von Staufenberg. 1626.
5. Daniel Redwitz, 1537.
6. Wolfram (1521) und Wilibald von Redwitz, 1540.
7. Jobocus von Rüsenbach, 1545.
8. Erhard Truchses von Weyhausen, 1491.
9. Georg (1492) und Friedrich (1502) Gebrüder von Auffees, und Johann (1591) und Wolfgang Heinrich von Redwitz, 1569.
10. Hardwich von Stein, 1491.
11. Andreas Fuchs 1543.
12. Michael Groß Pfersfelder genannt, 1614.
13. Michael Lichtenstein, Ritter des Calatravaordens. 1574.

14. Drey

Die Domkirche.

14. Drey Epitaphien. Paul von Schwarzenberg, 1535. Sigismund Truchses von Pommersfelden, 1542. Franz Georg Heinrich von Milchling, 1704.
15. Johann Heinrich Nankenreut, 1591.
16. Simon Berg. 1580.
17. Johann von Ostheim, 1505. Philipp Albert von Stein, 1549.
18. Theodorich Wolfgang Marschall von Pappenhelm, 1559. Auf Stein. Reinerus von Streitberg, 1541.
19. Caspar Berg, 1559.
20. Wilhelm Schenk von Limburg, 1517.
21. Eberhard von Rabenstein, 1505.
22. Friedrich Edmund von Sickingen.
23. Albert, Graf von Wertheim, 1466. Leonhard von Egloffstein, 1514. Alexander Jahrsdorf, 1604.
24. Johann Philipp (1572) von Stein und Marianus von Seckendorf, 1660.
25. Ignaz von Haslang. Von Stein. Sebastian (1518) und Christoph von Seckendorf, 1549.
26. Karl von Seckendorf, 1505, von Stein, und Johann Anton von Erthal, 1710.
27. Georg von Bibra, 1536. Wolfgang Balthasar von Seckendorf, 1661.
28. Konrad von Würzburg, 1517.
29. Friedrich von Redwitz, 1510. Auf Stein. N. Rotenhahn. Ludwig Karl von Ostein, auf

schwarzem Marmor, 1735. Karl Theodoricus von Auffees, 1742.

30. Martin von Schaumberg, 1613.
31. Berthold, Graf von Henneberg, 1494.
32. Georg von Stiebar, 1515.
33. Vacat.
34. Auf Stein. Martin von Seckendorf, 1660.
35. Hieronymus Fuchs von Schweinshausen, 1541. Bernard von Giech, 1600. Hektor von Kozau, 1619.
36. Sebastian von Guttenberg, 1572. Philipp von Guttenberg, 1603. Karl Adolph Xaverius von Rosenbach, 1728. Von Stein.
37. Erasmus von Wolfstein, 1539. Johann Philipp von Frankenstein, 1711. Auf Stein.
38. Joachim von Rotenhahn, 1590. Diese Familie hat in dieser Kapelle ihre Gruft.
39. Johann Philipp Ludwig Ignaz, Freyherr von Frankenstein. Aus Marmor, über der Custorenthüre.

Gemälde.

Am Hochaltare, Marien gewidmet, bey der Sakristey, soll die Auferstehung Christi von Tintoretto seyn. Ich halte es für eine Copey.

Der kleine Altar zur Seite hat ein schönes Gemälde von Joachim von Sandrart 1651.

Von den Gemälden der übrigen Altäre sind mir folgende Meister bekannt.

Das

Die Domkirche.

Das St. Johann Baptista Altarblatt ist von Sandrart 1652.

St. Kunegunds Altarblatt ist von eben diesem Meister.

St. Dorothea, von Lucca Ferrari da Reggio. 1652.

St. Wolfgangsaltar, von Johann Heinrich Schönfeld.

Die Grablegung wird van Dyck zugeschrieben.

St. Lorenzaltar, den Bischof Leopold III von Bebenburg 1363 stiftete, von Matthäus Merian, dem Sohne.

St. Philippi und Jocobi. Von J. H. Schönfeld. Die Gemälde dieses Meisters haben sehr viel Ausdruck.

St. Katharinenaltar. Vom jüngern Matthäus Merian 1653.

Ausführliche Beschreibung des Domschatzes.

Die hier aufbewahrten prächtigen Codices K. Heinrichs II beschreibe ich im Anhange Num. II. lateinisch, weil dieses der Sache angemessener; so wie auch Num. III die Dombibliothek, welche in dem schönen 1731 erbauten Kapitelhause aufbewahrt ist. Wer nicht Latein versteht, dem ist auch jede deutsche Beschreibung solcher Seltenheiten unverständlich und überflüssig.

Kostbarkeiten des Domschatzes.

Ein goldenes Reliquiarium K. Heinrichs, welches einem Altari portatili ähnlich ist. In diesem ist ein Stück vom Holze des Kreuzes Christi. Es ist vom besten arabischen Golde $548\frac{1}{2}$ Krone schwer, einen Schuh, fünf Zoll lang, einen Schuh zween Zoll breit. Es hat sechszehn große, und sechs und dreyßig kleine orientalische Edelgesteine, nebst acht und zwanzig großen, und vielen kleinen Perlen. In dessen mit einem schönen Bergkrystal bedecktem Sepulchro liegen vier schmale Partikeln des h. Kreuzes, 1 Zoll, $\frac{1}{2}$ Zoll und $\frac{1}{4}$ Zoll lang, nebst andern Reliquien. Der Bergkrystal ist mit goldener Einfassung besonders versehen. Um diesen Krystal herum stehen diese Verse:

En Cesar Sophie renitens Heinricus honore
Christo Creatori dabit hoc tibi munus honori,

Altare S. Henrici.

In quo sancta crucis pars clauditur ac decus orbis.
Redde uicem patrie donando gaudia uere.

Altare S. Henrici. Es ist acht Schuhe, und drey Zoll hoch, und zween Schuh drey Zoll breit. Vorne sind verschiedene Geschichten in Onyx sehr fein erhaben geschnitten, darunter auch Adam und Eva, deren jedes einen Apfel in Händen hat. Kain und Abel haben ihre Namen ChAIN ABEL. Abraham will Isaak opfern. ABRA
            hAM
            IXAC

Ueber jeder Figur steht der Name. In der Mitte ist die Geburt Christi, NATIVI
              TAS
              XSTI

unten Oblatio Iosephi.

Der Fuß und Kranz dieses Altarstücks besteht aus vergoldetem Holze. Oben ist neu in getriebener Arbeit auf vergoldetem Silber die Kreuzigung Christi vorgestellt.

IESVS
NAZAR
ENVS
REX

Ein großer Kelch vom reinsten Golde, aus dessen Bodens Mitte eine kleine goldne Säule steigt, auf welcher einer von den eisernen Nägeln des Kreuzes Christi befestigt ist. Die Spitze ist
abge-

abgebrochen. Man hat eine Abbildung von diesem Nagelstücke in Kupfer gestochen.

Dieser heil. Nagel ist $4\frac{1}{4}$ Zoll lang, unten $\frac{1}{2}$ Zoll oben an der abgebrochenen Spitze $\frac{1}{4}$ Zoll breit.*) Auf einem silbernen stark vergoldetem Fuße halten ihn zween kniende silberne vergoldete Engel. Das Silber wiegt 5 Mark, 7 Loth, 3 Quint. Es sind an diesem Postamente 16 Diamanten, 1 Diamanttraube, 27 Rubine, 2 Rubintrauben, 1 Smaragd, 1 Amethyst-Bandelot, 13 Amethysten, 5 Sapphire, 1 sehr großer Chrysolith, 2 Chrysolith-Bandelotten, 7 Hyacinthen, 11 orientalische Granate, 3 orientalische Granatschalen.

Ein Dorn von der Dornenkrone, $2\frac{1}{2}$ Zoll lang, in einem silbernen Gehäuße, 9 Mark, 6 Loth, 1 Quint 1 Pf. schwer. Ein Herr von Rotenhahn hat es 1728 hieher verehret.

Ein silberner Arm, in welchem Gebeine von St. Veit und der heil. Adelgunda eingefaßt sind. Bey dem Daumen steht ein schwarzer Hahn. Wahrscheinlich kommt diese Reliquie vom heil. Otto, achtem Bischoffe von Bamberg, her. Man sagt dieser Hahn sey deswegen auf den Arm gesetzt worden, um die Heiden**) desto leichter zur Verehrung

---

*) Kaiser Heinrich soll ihn von Rudolpho Burgundico erhalten haben.

**) D. i. der Wenden an der Ostsee, deren Bekehrung er

Goldnes Kreutz.

ehrung der chriſtlichen Reliquien anzulocken, indem ſie vor dem Hahne, als einem ihrem Mars geheiligten Thiere, niederfielen.

Ein 1 Schuh 1 Zoll hohes und 9½ Zoll breites Stück vom Kreuze Chriſti.

Ein großes goldnes Kreuz, vier Schuh hoch, zween Schuh, ſechs Zoll breit, von arabiſchem Golde am Gewichte 1279¼ Kronen. Es ſind verſchiedene Stückchen des heil. Kreuzes darauf, welche alle ſchwärzlich braun ſind. Das Stück in der Mitte iſt 8½ Zoll lang, einen Zoll breit, und ⅜ Zoll dick.*) Auf den Kanten dieſes goldnen Kreuzes lieſet man rings herum dieſe Verſe:

Hoc inſigne Crucis columenque perenne ſalutis
Prefert Chriſte tui Pemuel monumenta triumphi.
Tale ſacros munus Hereman **) fabrefecit in uſus,
Damnatus uoti tibi Petre ſacerque Geori. (Georgi.)

An

er ſich ſo ſehr angelegen ſeyn ließ, daß er deswegen der Pommern Apoſtel genannt wird. Keyßler hat in ſeinen Reiſen dieſen Reliquien des heil. Vitus das 91ſte Sendſchreiben gewidmet. Th. 2, S. 1371—1380.

*) Faſt in der Mitte iſt an der Seite ein Loch, in welchem einer von den Nägeln geſteckt haben ſoll. Man hat von dieſem Kreutzesſtücke einen Kupferſtich, mit der Unterſchrift: Wahrhaffte Abbildung eines particuls des Heiligen Creutzes, welches in dem hohen Domſtifft zu Bamberg wird aufbehalten.

**) Er war Dompropſt im XIV Jahrhunderte.

An dem goldnen Kreuze oder Morgengaba S. Kunegundis im Schatze des Klosters Mönchsberg, das ich unten beschreiben werde, ist auch eine lateinische Kantenschrift.

Es sind mir noch folgende zwey Beyspiele von goldnen Kreuzen mit solchen Kantenschriften bekannt, die allhier angeführt zu werden verdienen.

1. Auf den Kanten des großen goldnen Kreuzes K. Konrads III beym Reichsornate, der in Nürnberg aufbewahrt wird, und den ich sowohl in meinen Nürnbergischen Merkwürdigkeiten, als auch am ausführlichsten im XIV, XV und XVIten Theile meines Journals zur Kunstgeschichte und Litteratur beschrieben habe, stehen diese zween Verse von unten auf mit großen Buchstaben herum gestochen:

† ECCE : CRVCEM : DOMINI : FVGIAT : PARS :
HOSTIS : INIQVI :
HINC : CHVONRADE : TIBI : CEDANT :
OMNES : INIMICI :

Der Cardinal Bessarion verehrte 1472 der Brüderschaft von St. Maria della Carità in Vedig eine 16 Zoll hohe, und 1¼ Zoll dicke hölzerne Tafel,*) die mit vergoldeten Silberblechen überzogen

---

*) Joh. Baptista Schloppalalba hat sie sehr schön beschrieben: In perantiquam sacram tabulam graecam insign. Sodalitio Sanctae Mariae Caritatis Venetiarum

gen ist, auf welchen schöne Vorstellungen des Leidens Christi gemalet sind. An den Kanten der untern Hälfte des Kreuzes ist diese griechische Umschrift in Versalbuchstaben eingegraben:

† Τον κοσμοπροσκυνητον ςαυρικον τυπον αργυρο (sic) κοσμει Δ αδελφου βασιλεως Ειρηνη θυγατηρ Παλαιολογινα, σωτηριας εντευξιν, λυτρον πταισμχτων.

Hunc mundo - adorabilem Crucis typum argento ornat D. (*Demetrii*) fratris Imperatoris Irenae filia Palaeologina, falutis interpellationem, redemtionem peccatorum.

An diesem Kreuze sind an geschliffenen Edelsteinen:

17 kleine Diamanten.
12 orientalische Granate.
8 Amethysten.
6 Hyacinthen.
6 Chrysolithen.

an ungeschliffenen:

89 Sapphire.
27 Smaragde.
6 Amethysten.
23 Granate.
281 sehr große Perlen.

tiarum ab Ampliffimo Cardinali Beffarione dono datam Differtatio. Venetiis, 1746. fol. min. pag. 113 feq. 119. Tab. IV.

Es stehet zwischen zween silbernen Engeln in einem Glasgehäuse, auf einem vergoldeten kupfernen und mit Silber verziertem Postamente.*) Das Silber wiegt 128 Mark, 4 Loth, 1 Quint, 1 Pfenning. Das verguldete Kupfer wiegt 251 Mark, 13 Loth.

Ein noch größeres Kreuz von Silber, ist auch mit Reliquien angefüllt, die K. Heinrich aus Rom brachte.

Das goldene Kreuz, welches K. Heinrich seiner Gemahlinn verehrte. Es ist einen Schuh, 4 Zoll lang, und eilf Zoll breit. Der vordere Theil, vom besten arabischen Golde, ist $165\frac{1}{2}$ Krone schwer; die hintere Seite ist von Silber, und wiegt 2 Mark, 8 Loth, 1 Quint. Es liegt ein kleines Stückchen des h. Kreuzes, nebst andern Reliquien darinn. Auf der goldnen Vorderseite ist eine $2\frac{1}{2}$ Krone schwere goldne Medaille des Kaisers Flavius Vespasians. Sie hat die Aufschrift: IMP. CAESAR· VESPASIANVS· AVG. Sein Haupt ist mit dem Lorbeerkranze gekrönt. Die Kehrseite hat COS· VII· mit einem Stier.**)

Ein schönes Crucifix von Bergkrystal, sehr groß, rings umher mit goldner Einfassung, die mit Rubinen

---

*) Zween Gebrüder von Sickingen ließen es im J. 1727 machen, wie die Aufschrift sagt.

**) *Eckhel* Catal. numm. uett. Musei Caes. Vindob. P. II, p. 128. n. 176. B.

Drey Brustbilder.

Rubinen und Smaragden besetzt ist. Der Körper des Heilandes ist ganz Gold.

Drey große Brustbilder Mariens, K. Heinrichs, und Kunegunds. Jedes ist fünf Schuhe hoch, und sehr schön gearbeitet.

1. Das erste stellet Marien vor.

2. Das zweyte Brustbild ist K. Heinrich. Er hält einen Reichsapfel in der Hand, in welchem sein Haupt (ohne den untern Kiefer) verwahret ist, schon vor dem Jahre 1380.

3. Das Haupt der heil. Kunegund, mit dem untern Kiefer. Es ist eben so prächtig gezieret, wie das Haupt ihres Gemahls.

An diesem und dem Brustbilde Heinrichs beträgt das Silber am Gewichte 68 Mark, 7 Loth, 3 Quint. Das vergoldete Kupfer wiegt 100 Mark, und ein Loth.

Die Hirnschale des K. Heinrichs, (bereits vor 1380) samt dem mit orientalischen Perlen gestickten Küssen, wird von zween auf einem kupfernen vergoldeten und mit Silber geziertem Fußgestelle sitzenden silbernen Engeln in einer vergoldeten Schaale über sich gehalten. Ein oberhalb fliegender gekrönter Adler bedeckt sie.

Der linke Kinnbacken (seit 1380) des heil. Heinrichs. Es sind noch sieben ganze sehr große Zähne darinn, die sich herausziehen lassen. Ich hätte

hätte gerne zu meiner bambergischen Sammlung einen davon genommen; man sagte mir aber, daß dieses nicht ohne große Weitläuftigkeit gestattet werden könne.

Das silberne vergoldete Gehäuß oder Tabernakel, wiegt 6 Mark, 14 Loth, 3 Quint. Auf der Spitze dieses Gehäuses ist ein Sapphir, von der Größe eines Taubeneyes. Außer diesem sind noch daran ein Sapphir, zween Amethysten, ein Hyacinth, ein Türkis, und ein Achat, worauf die Auferstehung Christi sehr schön einwärts geschnitten ist.

Die Krone K. Heinrichs ist oben offen. Sie besteht aus einem Reifen, dessen Höhe sechs Zoll hat, und oben in sechs fast lilienförmige, an der Spitze mit Perlen gezierte Goldbleche ausläuft, deren jedes mit vier edlen Steinen besetzt ist. Sie sind unter einander mit Haken verbunden, und zwischen jedem steht ein betender Engel auf blumenartigen Zierrathen. Im Durchschnitte hat diese Krone acht Zoll. Sie ist von vergoldetem Silber, und hat 52 große ungeschliffene Steine, und 6 sehr große Perlen oben an den sechs Spitzen. Unten sind auf einem Sapphir und Chalcedon erhabene Brustbilder der Pallas. Diese Krone ist verkleinert abgezeichnet in den Actis SS. Antuerp. m. Iul. T. III, pag. 718.

Die Krone der Kaiserinn Kunegund besteht aus zween über einander befestigten Reifen. Der eine ist vom feinsten arabischem Golde, der andere von

stark

starf vergoldetem Silber. Es sind daran 124 Perlen, und 169 ungeschliffene Edelsteine.*)

Eine andere Krone Kunegundens von braunem Sammet mit Perlen gestickt, die sie im Grabe auf dem Haupte hatte, ehe ihr Monument, welches ehemals in der Mitte der Kirche war, unter dem Bischofe Melchior Otto 1649 verändert wurde. Eine solche mit Perlen gestickte sammtene Krone, die auch mit in Gold gefaßten Edelsteinen verziert war, lag in einem hölzernen Kästchen zur Seite des Leichnams der Constantia II, Gemahlinn K. Friedrichs II, in der Domkirche zu Palermo. Mein Freund, Herr Francesco Daniele, königl. sicil. Geschichtschreiber, hat sie in seinem prächtigen Werke, I regali Sepolcri del Duomo di Palermo riconosciuti e illustrati. In Napoli, nella Stamperia del Rè 1784 in reg. Fol. S. 80. u. f. ausführlich beschrieben und auf der Kupfertafel N. daselbst abbilden lassen.

St. Adrians Schwerd, womit er im J. 305 den 8 Sept.**) hingerichtet worden; mit der Scheide und dem Gehänge. Es hat samt dem Gefäße oder Griffe die Länge eines Schuhes und 8¼ Zoll; die Breite ist von 1¼ Zoll. Der elfenbeinerne Griff ist eckicht. Gegen die Klinge zu hat er einen kleinen silbernen Ring, auf welchem die vier Zei-

---

*) Zwo andere Kronen von ihr kommen unten unter den Schätzen der Abtey auf dem Mönchsberge vor.

**) Acta SS. Antuerp. Septemb. Tom. III, p. 209—255.

chen der Evangelisten sauber gestochen sind. Die Klinge ist nur einschneidig. K. Heinrich bekam dieses Schwerd zu Walbeck, und führte es in Schlachten gegen die Pohlen, Böhmen und Slaven. Nonnosius, ap. Gretser. Henricus II contra praedictas (slauicas) nationes aciem direxit, et faciens transitum per locum qui Walbech dicitur, Gladium S. Adriani Martyris, qui pro reliquiis multo tempore ibi seruabatur, accepit. Der Gürtel ist eben so daran befestigt, wie am Schwerde K. Friedrichs II, in meines Freundes, Hrn Daniele, Regali Sepolcri del Duomo di Palermo, pag. 106. Tavola S.

Das Schwerd des heil. Heinrichs ist mit dem buxbaumenen eyrundem Griffe 2 Schuh $10\frac{1}{4}$ Zoll lang. Die Klinge ist zweyschneidig, $1\frac{1}{2}$ Zoll breit, hat keine Scheide.

Die Lanze, welcher sich der heil. Heinrich gegen die Feinde bediente, ist 2 Schuh $6\frac{1}{2}$ Zoll lang. Die Lanzenstange hat die länge von 9 S. 3 Zoll.

Die Lanze St. Georgs von 1 Schuh $1\frac{1}{4}$ Zoll länge.

Eine rosenrothe Dalmatica K. Heinrichs. Sie ist unten mit silbernen Franzen besetzt.

Der sogenannte Mantel (Mantum, seu Mantile) des heil. Heinrichs
ist eigentlich eine Casula,*) und kein ordentlicher Mantel.

---

*) *Isidor. Hispal.* L. 19 Originum, cap. 24, pag. 265. edit.

Mantel. Einige haben ihn gar für eine Altarbekleidung (palla altaris) gehalten, aber ohne allen Grund.*) Der gelehrte Jesuit Sollier **) hat 1723 ihn genau abgezeichnet geliefert, und versuchte, eine Erklärung davon zu geben; aber am besten

edit. Parif. 1601: *Cafula* eſt ueſtis cucullata, dicta per diminutionem a Caſa, unde et Cuculla, quaſi minor eſt cella. Sic et Graeci *Planetas* dictas uolunt, quia oris errantibus euagantur. *Hrabanus Maurus* L. I. de Inſtitut. clericorum, cap. 21, p. 7. T. VI. operum, edit. Colon. Septimum ſacerdotale indumentum eſt, quod Caſulam uocant; dicta eſt autem per diminutionem a Caſa, eo quod totum hominem tegat. *Alcuinus* de officiis: Caſula ſuper omnia ueſtimenta ponitur. Nachher wurden Löcher an den Seiten in diese Caſulas gemacht, die Arme durchzustecken, wie man an der alten im Kloster Mölk in Unterösterreich sieht. Die himmelblaue seidene Caſula des heil. Stephans, Königs von Ungarn, ist auch ganz zu, ohne Seitenöfnungen, hat aber eine Art von Kragen, und sind Figuren und Buchstaben mit gelber Farbe aufgedruckt. Sie hat in der Mitte die Aufschrift: Caſula hec operata et data Eccleſiae Sanctae Mariae ſitae in ciuitate Alba, anno incarnacionis Chriſti M. XXXI. Indiccione XIIII a Stephano Rege et Gisla Regina. Diese war die Schwester des heil. Heinrichs. Wie nahe war man doch schon im J 1031 der Buchdruckerey! Sie wird in der geistlichen Schatzkammer in Wien aufbewahret. P. *Eraſmi Frölich* Caſulae S. Stephani, Regis Hungariae, uera imago et expoſitio. Viennae Auſtr. 1754. gr. 4. c. tabula aen. pag. 2, 18, 23 ſeq.

*) Mabillon Annal. Sanctor. Ord. S. Bened. T. III. p. 143, ad a. 867.

**) In Actis Sanctor. Antuerp. m. Iul. T. III, pag. 718. num. 71.

besten erklärte die darauf gestickten Figuren ein anderer Jesuit, P. Heinrich Schütz, Lehrer der Geschichte zu Ingolstadt,*) dem ich hier folge, und das wesentlichste seiner Erklärung hier beybringe, die ich, wie man finden wird, in manchen Stücken verbessert habe.

Diese Casula ist von himmelblauem dichten Seidenzeuche gewebt. Die Länge ist vier Schuhe und acht Zolle, die einfache Breite (weil es doppelt und zusammen genähet ist) beträgt unten fast eben so viel: so daß der ganze Umfang 9 Schuh 4 Zoll ausmacht. Es hat keine Seitenöfnungen. Oben ist es offen, 1 Schuh 3 Zoll im Durchschnitte, und es beträgt die ganze Rundung dieser Oeffnung 2 Schuh 6 Zoll Diese Oeffnung läuft vorne in eine 2½ Zoll lange spitzige Schnaupe aus, so wie die Casula an der uralten Bildsäule Bischofs Otto, in der Kirche der Benediktiner auf dem Mönchsberge.

Der Erfinder oder Zeichner der Figuren hat geistliches und weltliches, astronomisches und astrologisches,

*) Mantum Bambergense S. Henrici Caesaris, notis illustratum a P. *Henrico Schütz*, S. I. in alma, et electorali Vniuersitate Ingolst. Histor. P. P. et ordin. Ingolstadii, 1754. 4. mit eben der Platte der beyden Seiten des Manti, die in den Actis SS. ist. Die Vorderseite der Casula oder des Manti, ist diejenige, wo vorne der Einschnitt ist, wo sich auch unten die Worte anfangen: O decus Eeropae Cesar etc.

logisches, auch apokalyptisches,*) mit einander verbunden. Die Stickerinn war vermuthlich eine griechische Nonne von St. Basilius Orden **) in Apulien. Denn in Frauenklöstern wurden vorzüglich dergleichen Stickereyen verfertiget.

K. Heinrich bekam dieses Mantum zum Geschenke vom Herzoge in Apulien Ismael, oder Melus II.***) Dieser kam 1015 oder 1017 nach Deutsch-

---

*) So trug Otto III einen Mantel, auf welchen die ganze Apokalypse gestickt war.

**) Καλογραια, Καλογρεα, monacha. *Sonntag de Regulis Calogerorum Basilianorum*; Altdorfii Nor. 1702. 4. §. 7.

***) Es war gewöhnlich, und orientalische Sitte, Mäntel, als Zeichen der Unterthänigkeit und Dankbarkeit zu überreichen. Dieß thaten die Araber in Palermo 1133 mit dem jetzt sich unter den Reichskleinodien befindlichen Chormantel oder Pluviale, den sie dem Könige Roger I von Sicilien verehrten. Als Zeichen der Dankbarkeit, überschickten sogar jährlich die Venezianer einen Mantel von Goldstoffe dem K. Heinrich V, für einige erhaltene Privilegien. *Sabellic. Dec. I, Lib. 6*: Pallium (Veneti) Henrico aureum et annuam pecuniam polliciti funt. *Petr. Iuftinian L. I*: Ipsi autem gratitudine usi, pallium aureum Henrico annuum obtulere, ut id concessarum immunitatum perpetuum monimentum esset. Schon vorher thaten sie dieses seit Karls des Großen Zeiten; aber Otto III befreyte sie 998 davon. Aureum pannum, qui ex publico foedere Caefaribus annuus debebatur, in perpetuum Veneto nomini remisit. *Sabellic.* Manche Kaiser und Könige stifteten sie an die Kirchen, wie Otto III und Heinrich II gethan haben.

Deutschland, den Kaiser um Hülfe anzuflehen.*)
Als im J. 1021 neue Unruhen in Apulien und
Calabrien entstanden, kam Melus wieder nach
Deutschland, und Kaiser Heinrich wieß ihm eine
Ortschaft zum Aufenthalte an, wo er auch starb.**)
Er liegt in Bamberg in der Domkirche begraben,
wo ihn K. Heinrich mit königlichem Pompe beysez-
zen ließ.

Vordre Seite.

Ich fange die Beschreibung dieser Casula mit
der Vorderseite an, wo der kleine Einschnitt ist,
wo sich auch die Saumschrift: O decus Eeropac
etc. anfängt. P. Schütz hat dieses nicht bemerket, und mit der Hinterseite den Anfang gemacht.

Zu oberst sieht man die vier Evangelisten gestickt. Die obern zween sitzen, die untern stehen.
Zur linken Hand ist in einer gedoppelten Einfas-
sung***) das so genannte Lamm Gottes mit dem
Kreuze, mit der Umschrift: AGNE DĪ TOLLE
CRIMINA NDIMV (aus Versehen der Stickerinn, anstatt MVNDI) Agne Dei, tolle crimina
mundi.

Zur

---

*) s. oben, a. d. 34sten Seite.

**) s. oben, a. d. 41sten Seite.

***) Diese Einfassungen machen ein rautenförmiges
Viereck in einem Quadrate. Es sind ihrer auf dem
ganzen Mantum 35.

Mantum S. Henrici.

Zur rechten Seite *) dieser Evangelisten, ist das Himmelszeichen des Krebses, in doppelter Einfassung, mit der Umschrift: HOC SIDVS CANCRI CERT (certa oder certissima) NOCTVA MVNDI. Weil die Dunkelheit den Eulen angenehm, und das Gestirn des Krebses schwer zu unterscheiden ist, so erklären sich Umschrift und beygesetzte Wort: ASTROLOGVS
   HIC· SIT CAV
    TVS·
von selbst. Unter dem Zeichen des Krebses sieht man das Dreyeck ohne Umschrift. Es hat zierlich geschlängelte Zierrathen. Leider! war damals Astrologus und Astronomus einerley.

 Neben diesem ist der Fuhrmann; (das Gestirn neben dem großen Bären) oben darüber:
  BOOTES ARCTVRI*
   *CVS * TOS*
Dieses Gestirn der nördlichen Hemisphäre heißt beym Ptolemäus Βοωτης, αρκτοφυλαξ.

 Sodann erblickt man den Camelopardel, als ein Gestirn. Die Worte unter der zur Seite sitzenden Figur der Jungfrau: MIREME RE (Mirere me) sollten eigentlich hier stehen.

 Die Figur der Jungfrau hat die Ueberschrift VIRGINI TAS P APPATE (Virgini Taspiae, i. e. *Thespiae*, appellatae.) Thespia, Tochter des
        Asopus

---

*) Ich verstehe allemal die Seite auf dem Mantum; nicht die Seite des Anschauers.

Aſopus und der Methone, erhielt vom Apollo*) daß die Stadt in Böotien am Berge Helikon von ihr benennt werde, daß ſie als Jungfrau unter den Geſtirnen Platz habe, und daß ſie weiſſage. Aus Irrthum hat die Stickerinn TASP, anſtatt THESP geſtickt. Der in einander geſchlungene dritte Buchſtabe PL zeigt, daß appellatae geleſen werden muß, nicht approbatae, wie P. Schütz ſehr gut gezeiget hat. Eben ſo widerſpricht er mit Recht, daß der Ehrenzirkel am Kopfe der Jungfrau auf Kunegund habe anſpielen ſollen.

Sodann ſieht man ERITHONIVS. Erichthon, ein Sohn der Erde, ward als ein Knabe mit einem paar Drachenfüßen vorgeſtellt.**)

Unter dem Erichthon iſt MARE, auf dem der Wallfiſch ſchwimmt.

Unterhalb dem Fuhrmanne iſt SIGNVM CIGNI OCCI. Herr Schütz las pag. 47. occiſi; allein es bedeutet occidentis. Der Schwan heißt auch daher Vultur cadens. Daher ſind ſeine übrigen Worte: huic enim lectioni bis olorem überflüſſig. Er überſah auch das unter OCCI. ſtehende hEI.. Dieſes bedeutet Hyrieus, (Ύριευς) Neptuns und der Alkyone Sohn, Orions Vater. Jupiter, Neptun und Merkur kehrten zu Tenagra, in Böotien, bey dem Hyrieus ein. Als er ſie ſehr gut bewirthete und ſich dafür etwas ausbitten durfte,

---

*) Diod. Sic. L. IV, c. 74.
**) Seruius ad Virgil. Georg. III, n. 112.

durfte, so bat er sich einen Sohn aus. Die dankbaren Götter nahmen die Haut von dem ihnen geopferten Ochsen, ließen alle drey ihren Urin*) darein, hießen ihn solche in die Erde begraben, und den zehnten Monat wieder herausnehmen. Dieses that Hyrieus, und fand den leibhaften Orion darinn.**) Dieser Orion, über welchen unrichtig steht: AQVARIVS. QVI. ET. GANIMEDES, hält hier in der Einfassung unter dem Schwane, gegen die Mitte zu, diese Haut, aus welcher er entschlüpfte. Aquarius oder Ganymedes ist auf dem Mantel ganz ausgelassen worden. Hingegen ist über dem Schützen zu lesen: SAGITTARIVS TAVRO ODITORION MANVS, und hier ließt wirklich Herr Schütz diese durch die Stickerinn verderbten Worte sehr gut: Tauro ostendit Orion munus. Sie gehören aber nicht zum Schützen, sondern besser hinüber, wo Aquarius etc. steht, nämlich zum Orion.

Oberhalb dem Orion ist SCORPIO. DVM. ORITVR. MORTALITAS. GINNITVR.

(gig-

---

*) Orion απο του ουρειν nennt Heyne mit Recht etymologiam perabsurdam, ob sie schon Pindar in seinen Dithyramben gebrauchte; daher sie auch Apollodor Biblioth. L. I, c. 4. sect. 3. ausläßt. Cel. Heyne ad Apollodor. P. I, p. 47, 48. Goett. 1783. 8. min.

**) Palaephat. de Incred. c. 5. Hygin. Astron. L. II, c. 34. In Libro Fabular. cap. 195 nennt Hygin statt Hyrieus, den thracischen König Byrseus. Hyrieus und Orion werden öfters mit einander verwechselt.

(gignitur.) Die Fabel ist bekannt, daß Diana einen Skorpion abgeschickt habe, der ihn in den Fuß gestochen, daß er gestorben.

Nun folgt PEGASVS EQVS MVSICON SPCRATVS; Pegasus equus musicorum sacratus. Seitwärts hinab ist Aeskulap mit dem Schlangenstabe, und der Ueberschrift: SERPENTARIVS DICITVR ARCIEPIVS MEDICVS; Serpentarius dicitur Aesculapius medicus.

Die unterste Reihe enthält die Sternbilder: SAGITTARIVS mit den oben schon erklärten Worten: Tauro ostendit Orion munus, die zum Orion gehören, und von der Stickerinn, wie so vieles auf dieser Casula, irrig dahin versetzt wurden, wo sie nicht hin gehören.

Perseus,
quem pluuio Danaë conceperat auro,
Ouid. Met. IV, 611.

CAPVT ABSCIDENS, scil. Medusae. Das Flüssige, zwischen des Perseus Füßen deutet auf dessen Erzeugung mit der Danae durch den in einen Goldregen sich verwandelnden Jupiter. MAIOR. ARCTVRVS. QVI. ET. ARTOPHILAX. DICITVR. und MINOR. ARCTVRVS. Vrsa maior et minor. Hier irrte der Erfinder dieser Stickerey. Denn es ist nur ein einziger Arcturus, oder Bootes, oder Arctophylax. Aber damals nahm man es so genau nicht. So sagt z. B. Ditmar, L. VII. Annal. vom englischen Könige Adelrab: Patrias nauigio direxerat Arctos, id est Septentrionalem plagam: quae hoc nomen ab Arcturis duabus, hoc est, ab ursis maioribus et minoribus sortitur, quas Serpens unus, ut astrologi asserunt, circumdat et diuidit.

Neben dem kleinen Bären kommt ARIES MINISTER FRIXE ET HELI, i. e. Minister Phrixi et Helles. *)

Die Wage wird von einer der Gerechtigkeit ähnlichen Figur gehalten. VIRGO IVSTE QVE ET LIBRA VOCATVR. Virgo iuste quae et Libra uocatur.

Hintere Seite dieser Casula.

Oben liest man SOL. LVNA. Zwischen diesen Worten sind zwo Figuren mit Haupteinfassungen. Jede hält ein Buch und eine Kugel oder Sonne. Es soll wohl Peter und Paul seyn, welche durch ihre Briefe den Orient und Occident erleuchteten. Die Sonne, oder Phöbus, hat hier nur zwen Pferde Lampus und Philogeus.**) Herr Schütz

---

*) Hygin. Fab. 3: Phrixus et Helle, infania a Libero obiecta, cum in sylua errarent, Nebula mater eo dicitur veniffe, et arietem inauratum adduxiffe, eumque natos fuos afcendere iuffit, et Colchos ad regem Aeetam Solis filium transire, ibique arietem marti immolare. Quo cùm afcendiffent, et aries eos in pelagum detuliffet, Helle de ariete decidit, ex quo Hellefpontum pelagus eft appellatum. Phrixum autem Colchos detulit.

**) Fulgent. Mythol. L. I, c. 11.

Schütz führt aus Homer Odyss. ψ. u. 246 (so soll es heißen) beyde Pferde der Aurora, Lampus und Phaethon, an; aber diese gehören nicht hieher.

Vor der Luna ist ein Maulesel, von dem ihr Wagen gezogen wurde.*) Aus ihrer linken Schulter geht eine Flamme hervor.

Das Viereck zwischen A und Ω enthält den Gottmenschen, nach Offenb. Joh. I, 8: Ich bin das A und das O. An jeder Ecke dieses Vierecks sieht man die vier Symbola der Evangelisten. Unter dem Vierecke steht: SVPERNE· VSIE· SIT· GRATVM· HOC· CESARIS· DONVM· Dieses soll wohl nichts anders sagen, als daß dieses Geschenk des Kaisers, der sich mit dem Könige Usias (2 Chron. XXVI) vergleicht, dem Himmel angenehm seyn möge, weil er es nämlich der Domkirche weihte.

Eine neue Reihe zeigt vier Bilder. AQVILA PROPTER VELOCITATEM VOLATVS INTER ASTRA POSITVS. (posita.) Ein Adler, ein Cherub, CHERVBIN, ein Seraph, SERAPHIM, und die Fische, PISCES. Unterhalb dem Cherubin ist das Brustbild Mariens, sodann ließt man diese Beyschrift: SANCTA MARIA STELLA MARIS INCLITA. SANCTVS IOHANNES QVI ET GRATIA DEI. Johannes ist nicht abgebildet, sondern zwischen den beyden Hemisphärien mit den himmlischen Zeichen,

*) Natal. Com. Mythol. L. III, c. 17.

Zeichen, erscheinen zween Apostel, St. Matthäus und Bartholomäus, welche K. Heinrich sehr verehrte.*) Auf der Wasserschlange (SERPENS) sieht man den Becher und den Raben. Gegenüber an dem andern Hemisphärio ist die Leyer. (LIRA.) Unter der Wasserschlange sieht man den kleinen Hund, (CANICVLA) der aber mehr einem Pferde ähnlich ist. DESCRIPCIO DVORVM SEMISPERIORVM, sollte eigentlich bey den beyden Hemisphärien stehen.

Unter der Leyer steht CASIEPIA (Cassiopea) CARMINVM VATES, welche Worte nicht zu Cassiope gehören, sondern vielmehr zur Leyer.

Hierauf kommen sieben andere Sternbilder: Der Steinbock, ohne Namen.

1) Der Stier, TAVRVM IMITATOREM IVRIS (Iupris s. Iupiteris, s. Walther Lex. diplom.) LEGIMVS INTER ASTRA COLLOCATVM.

2) Ueber den Zwillingen, Castor und Pollux, sind die Worte: GEMINI CASTOR ET POLLVX CVRIALES DIVI.

3) Die Schlange hat die Ueberschrift: Inter ambas Arcturos sinuoso flectitur corpore Serpens.

4) Herkules tödtet den Drachen, der die goldnen Aepfel

*) Die übrigen sechs Rundungen stellen andere Apostel vor.

H

Aepfel bewachte. Hercules serpentem occidit, aurea mala seruantem.

5) Kassiope, oder Kassiopeja. CASIEPIA. Das Carminum uates gehört nicht hieher, wie ich schon oben sagte; sondern die Stickerinn hätte diesen Namen hieher, und das Carminum uates unter die Leyer setzen sollen.

6) Cepheus, CEPHEVS QVARTVM ARTICVM (arcticum) TENET CIRCVLVM. Wenn man den Circulum borealem mit den drey kleinern, Australi antarctico, Tropico capricorni, Tropico cancri vergleicht, und vom Circulo australi antarctico anfängt zu zählen, so wird Circulus arcticus der vierte seyn.

7) Andromeda. ANDROMEDA. Sie steht mit ausgebreiteten Armen an den Felsen geschlossen da, das Ungeheuer erwartend, dessen Raub sie werden sollte.

Unter diesen Figuren und auch auf der andern Hälfte des Manti ist diese Umschrift:
† DESCRIPCIO TOCIVS ORBIS X *) † PAX ISMAhELI QVI HOC ORDINAVIT.

Fast sollte man glauben, daß nicht Ismael, oder Melus II, sondern vielmehr Kaiser Heinrich, diese

---

*) Man bediente sich im XIten Jahrhunderte dieses Zeichens, wie heut zu Tage des Punkts. Walther Lex. dipl. p. 454. Mabill. da re diplom. L. II, c. 10, 21, 22.

diese letztern Worte habe auf das Mantum sticken lassen, wenn man nicht annehmen will, daß sie die Stickerinn dem Melus zu Ehren gesetzt habe.

Große unterste Umschrift.

An dieser wollten der Sticker oder die Stickerinn ihre ganz besondere Kunst zeigen, durch die Verschiedenheit in den Buchstaben A, C, E und N. Diese Umschrift fängt sich zu unterst links auf der Vorderseite an:

O DECVS EEROPAE (Europae) CESAR*)
  HEINRICE BEABE (beare)
AnGEAT (augeat) IMPERIVM IBMI (Tibi)
REX Q (qui) REN W MEN (regnat in arce. Amen.)

Der sel. Schütz kehrt S. 73 sinnreich das W um, daß 2 AA neben einander stehen, und so kommt at in axe (regnat in axe) heraus. Das Amen war zu Ende öffentlicher Gebete oder Litaneyen für Kaiser gewöhnlich. Z. B. ap. Goldast. antiquit. Alemann. T. II, P. 2, p. 176: *Domnum HLudouicum Regem.* Respondetur: *Tu illum adiuua. Feliciter, feliciter, feliciter. Tempora bona habeat. Tempora bona habeat. Tempora bona habeat. Multos annos, Amen.* So endigte der Abt von St. Gallen, Burkhard, (Eckehard. ap. Goldast. l. cit. p. 101.) sein Schreiben an K. Otto

---

*) Gerbertus in ep. 79, de Ottone II:
Otho, decus Diuum, Caesar carissime nobis
Immeritis rapuit te lux septena Decembris.

Otto II: Valeat regnum ueſtrum et Imperium in Domino Dominorum. Amen.

Ein Mantel des heil. Heinrichs, von blauem Damaſte.

Eine Kleidung K. Heinrichs, auch von blauem Damaſte.

Das Unterkleid (tunica) K. Heinrichs.

Der purpurrothe Mantel der heil. Kunegund, mit Perlen. S. CVNEGVNDIS PALLIVM.

Ein Kleid derſelben von weißem Damaſte, mit kleinen Perlen beſetzt.

Der Gürtel K. Kunegundens, von grüner Seide, mit Gold durchwirkt.

Im Catalogo Reliquiarum Bambergenſium *) kommen vor: In Claſſe prima. S. Cunigundis Imperatricis *triplex pallium, toga, et cingulum.*

Das Fahneneiſen K. Heinrichs hat eine eiſerne zweyſchneidige Spitze, $2\frac{1}{2}$ Schuh lang, 2 Zoll breit.

Das Fahneneiſen St. Georgs, einen Schuh lang, etwas über einen Zoll breit.

Die Bildniſſe der Apoſtel Petri und Pauli.

Zween ſehr ſtarke Kämme K. Heinrichs und Kunegundens, von Elfenbein. Es ſind erhabene Thierfiguren darauf zu ſehen. Der leichteſte dieſer Kämme wiegt ein Viertelspfund. Der eine iſt 4 Zoll lang, und nicht gar ſo breit. Der andere hat die Länge von 5 Zoll und die Breite von $4\frac{1}{4}$ Zoll.

Eben

---

*) Apud Godefr. Henſchenium, de S. Cunigunde Imperatrice; in Actis Sanct. Antuerp. m. Mart. T. I, p. 276.

Gefäße. 117

Eben so groß ist der Kamm der Königinn Theodelinda, die vormals in der Domkirche zu Monza*) war, und jetzt in Paris ist.

Vielleicht ist der eine von diesen Kämmen bey Inaugurationen neuer Bischöffe gebraucht worden, deren Haupthaare noch im J. 1400 vor dem Karmeliterkloster gekämmt wurden.

Ein großes Reliquienbehältniß,**) mit edlen Steinen besetzt.

Die Anbetung der drey Könige ist mit großer Kunst in Perlenmutter geschnitten.***)

Ein Gefäß von rothem Marmor (nicht Porphyr) sechs Maas oder 12 Stübchen haltend.

Noch ein größeres von 16 Maaßen.

Der-

---

*) Mabill. Musf. Ital. T. I, P. I, p. 213. Theodelindae priuata supellex, pecten ex ebore, uentilabrum, cultellus, calix.

**) An einigen solcher Reliquienbehältnisse sieht man diese Monogrammen HENRICVS und CVNEGVNDIS.

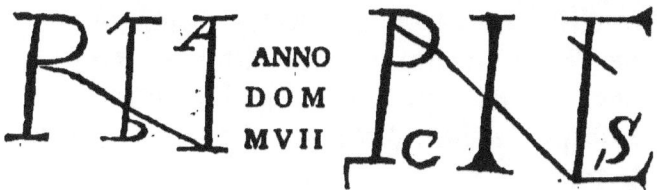

P. Ign. Lechneri Concilia, Synodi, et Comitia Sacra Bambergensia. Resp. D. Ioanne Schott. pag. 4, nota d).

***) Blainville, I B. S. 206.

Dergleichen Gefäße wurden ehedem für Wasserkrüge bey der Hochzeit zu Cana in Galiläa gehalten; allein es sind eigentlich römische Todenkrüge, oder Urnen, und keine Weingefäße. Man lese J. K. E. Winekens antiquarische Anmerkungen über ein altes Gefäß in der Stiftskirche zu Quedlinburg. 1761. 8.

Eine Kette von Bronze, 2 Schuhe lang, mit einem Schlosse, an welche St. Peter zu Rom im Gefängnisse, unter dem Nero angeschlossen war.

St. Georg *) mit dem Drachen fechtend, von vergoldetem Silber, ist mit dem Pferde sieben Schuhe hoch.

Der Ring Eberhards, des ersten Bischoffs von Bamberg, mit andern bischöfflichen Ringen, in einem Behältnisse.

Eine Lampe K. Heinrichs, oder, nach andern, des ersten Bischoffs von Bamberg, Eberhards.

Eine große, und eine kleine Klaue, mit etwas Silber verziert. Ehemals wurden Reliquien darinn aufbewahret.

Zwey elfenbeinerne große Hörner, womit ehedem zum Chor geblasen wurde. Jedes ist 19 Zoll lang, und hat oben $4\frac{1}{4}$ Zoll im Durchschnitt.

Das Messer des heil. Heinrichs. Der Griff ist von Horn.

*) Theophili Raynaudi S. Georgius Cappadox. fol. Acta Sanctor. Antuerpiensia, April. T. III, Append. p. 9—20. p. 117—122. Surii Vitae Sanctor. d. 23 Apr. p. 273.

Die Bischoffsmütze Otto I, eines gebohrnen Grafen von Andechs, der von 1102 bis 1139 regierte. Sie ist von Taffent von der Farbe des abgefallenen Laubes, (feuille morte) mit einer Sammetborde und schwarzen Streifen, mit vielen Perlen verziert.

Die Inful Papst Clemens II. Auf einem Carneol. ließt man: CLEMENTIS PP. II.

Eine andere Inful, mit der Aufschrift S. PIVS PAPA.

* * *

Die Klosterfrauen-Kirche zum heil. Grabe.*)

Unter Bischoff Wülfing wurde im J. 1314 dieses Kloster der Dominicanernonnen gebauet. Am Hülfsaltar ist ein messinges Epitaphium vom Domcustos Andreas Rieger vom J. 1540. Das Gemälde des Hochaltars ist gut. Eigentlich stiftete Franz Münzmeisters 1356 dieses Kloster für fünf Klosterfrauen. Jetzt hat es 36.

Die Mariahülf-Kapelle, die Wunderburg genannt.

Andreas Klubenspies, der in Ungarn gegen die Türken focht, erbaute sie 1689 unter Bischoffen Marquard Sebastian von Staufenberg. Der ganze Ursprung dieser Kapelle ist über der Sakristenthüre auf einer hölzernen Tafel gemalt zu sehen und zu lesen. Die zwey Altarblätter sind vom Hofmaler Johann Joseph Scheubel. Er war ein

---

*) Brusch Chronol. Monasterior. Germaniae, p. 492.

ein Schüler von dem starken Coloristen Georg des Marees, der 1775 zu München starb.

Das Collegiatstifft St. Gangolph
wird mit einem Propste aus dem Domkapitel vom Fürst-Bischoffe besetzt. Diese Stelle bekleidet jetzt der würdige Herr G. R. Michael Heinrich Schuberth Es hat 18 Canonici, 4 Domicellaren, und 2 Vicarien. Bischof Günther ließ im J. 1063 die Collegiatstiftskirche zur Ehre Mariens und St. Gangolphs, aufführen. Die Gegend, worauf die Stifts- und Nebengebäude zu stehen kamen, hatte den Namen Teuerstadt außerhalb der Stadt Bamberg, woran nach und nach viele Strassen angebauet wurden. Die bekannteste ist der Steinweg, der die vorzüglichste Commercialstrasse ist, und den obern Theil der sogenannten Gärtnerey verbindet, und jetzt gegen Mittag über den zwo Fahr- und Gehebrücken, den Zugang zur Stadt zeigt.

Hinter dem hohen Altare dieser Kirche zu St. Gangolph liest man unter der Gedächtnißmalerey ihres Stiffters folgende Namen: Eberhardus Com. Fundator Chori. Reinoldus Walbolt fundator Ecclesiae. Dieser liegt in der Mitte des Chors begraben. St. Kunegundens und Johannis Bapt. Altarblatt sind von Oswald Onger, oder Unger, Hofmaler zu Wirzburg, einem geschickten Künstler. Er war der Lehrer Johann Peter Feurleins, der 1728 in Ansbach starb. Unger studirte Rubens

Rubens vollkommen. Das Blatt, die Sendung des heil. Geistes, ist von Andreas Schott 1689, der mir nicht bekannt ist. Das heil. Kreuzaltarblatt hat die Buchstaben I. R. 1654. Das in der Sepultur stellet den sterbenden Joseph vor, von Joh. Rudolph Byß, einem Schweizer. Ueber der Sepultur hat der Hofmaler Scheubel den Johann Nepomuc gemalt; auch die schöne mit Oelfarben gemalte Kuppel ist von diesem Meister. Bey der Kirchenthüre hängen an einer Säule zwey Schulterblätter eines großen Wallfisches (Balaena mysticetus Linn.) Es sind nicht Schulterblätter eines Wallrosses (Trichecus rosmarus Linn.) An Riesenknochen zu denken, wäre lächerlich.

Auf den zwo größern Glocken ließt man die Jahrzahl M. CCC.

Das bischöfliche Seminarium

wurde 1585 vom 45sten Bischoff zu Bamberg, Ernst von Mengersdorf, gestiftet, und 1733 unter der Regierung Friedrich Karls von Schönborn, sehr erneuert. Der Speisesaal ist mit Stukatur, und mit Scheubelischen und Treuischen Malereyen prächtig gezieret. Es ist ein artiger Büchersaal da. Der aufgestellte Regens des Seminarium ist allezeit wirklicher geistlicher Rath. Der Seminaristen sind 24. Sie haben alles unentgeltlich, bis sie die Ordnung zu einer Caplanstelle trifft. Der verklärte Fürst, Franz Ludwig, verordnete 1781 nicht nur strenge wissenschaftliche Prüfung, sondern

dern auch strenge Untersuchung der Aufführung der Candidaten. Vortrefliche Winke gibt hieben der wahrheitsliebende seel. Archivar Pfeufer, S. 34 u. f.

Die Pfarrkirche von St. Martin ist sehr alt. Sie war nicht lange nach dem heil. Kilian schon vorhanden, und wurde in den folgenden Zeiten vergrößert.*)

Die Seminaristen machen hier ihre geistlichen Uebungen. Unter dem Altare stehen diese Verse mit vergoldeten Buchstaben:

Plebs deuota tibi, Virgo sine labe parensque
Altare exstruxit; uota, Maria, tene.

Das Hauptaltarblatt ist vom Hofmaler Sebastian Reinhard, so wie auch das Mariahülf-Altarblatt. Joseph Scheubel malte die Joh. Nepomukaltartafel. Das Gemälde auf der Emporkirche ist von Marquard Treu. An dieser liest man neben dem in Stein gehauenen Bildnisse des heil. Martins, das von zween Engeln gehalten wird, folgende Aufschrift: Nach Christi geburt M CCCC LV jar do sind di VI gewelb oben gemacht, darnach in dem LVI jar ward die pur kirch volbracht.

An einer Säule ist auf einem Messingtäfelchen zu lesen: *Anno Domini* 1520 ist dieser Pfeiler aufgericht vnd gemacht worden.

Die

---

*) *Hoffmann* L. I. Annal. Bamberg. ap. Ludew. Vol. I. col. 6.

Die Bildsäule des heil. Jakobs ist von Johann Georg Reuß, die vom Nepomuk hat Johann Peter Benckert verfertigt. Er war ein sehr guter Bildhauer, und arbeitete vieles für den großen Friedrich, zu Charlottenburg und Potsdam. Dieser König besuchte den Künstler bisweilen in seiner Werkstatt. Es ist Schade, daß Benkert seine Figuren zu mager und etwas zu lang machte. Er starb um 1770. Er war auch sehr geschickt in Stuccaturarbeit.*)

Vor dem Hochaltare sind verschiedene Grabmäler von Bambergischen Weihbischöffen, und Vorstehern dieses Gotteshauses. Es sind auch folgende Epitaphia in der Kirche zu sehen. In Stein 1705 von einem aus der Familie Bibra; aus Erz, von Wolfsthal, von den Jahren 1684 und 1708. Unter der Emporkirche ist eines von rothem Marmor, mit der Figur einer Nonne, einer gebohrnen Eliatin von Staffelstein, vom J. 1562. Ferner ein Epitaphium von Erz von einem Bürgermeister Beßler vom J. 1599; ein anders mit den Buchstaben E. B. R. 1726; außerhalb der Kirchenthüre ist eines von Mössing 1525, und ein anders von Stein von Johann Junius, Landgerichtsassessor, 1610. Das merkwürdigste ist das, welches Johann Gottfried von Aschhausen, Fürstbischof zu Bamberg und Wirzburg, dem großen Mathematiker Christoph Clavius, S. I. der

im

---

*) v. Heineken Nachrichten von Künstlern und Kunstsachen, I. Th. S. 118, 119.

im 75ſten Jahre, in Rom 1612 am 6ten Febr. durch einen Stier getödtet wurde.*) ſetzen ließ:

Deo Trino et Vni, diuisque coelitibus. Honori, Memoriae R. P. Chriſtophori Clauii Bambergenſ. Mathematicorum Scriptorum Principis. In theatro orbis urbe Roma annis amplius XIV publice docuit. De toto orbe terrarum detegendo Hiſpaniae Regibus ſciſcitantibus reſpondit. Gregorio XIII in reducendo faſtorum calculo adlaborauit, et ab auctore temporum Anno reparatae ſalutis MDCXII ad Regnum temporibus orbum euocato Ioannes Godefridus Bamberg. et Wirceburg. Epiſcopus Orientalis Franciae Dux hoc in ſolo patrio monumentum collocauit. P. Conciues praceuntem imitamini, aemulamini.

Die dem Weihbiſchoffe und Pfarrer zu St. Martin, Friedrich Förner, allhier geſetzte Grabſchrift lautet alſo:

Anno 1630 Vto. Xbris in Domino pie obiit Reuerendus in Chriſto pater ac D. D. Fridericus Fornerus, S. S. Theol. D. epiſc. Hebronenſis, Suffraganeus Bambergenſis, ac ibid. in ſpir. Vic. general. S. C. M. ac Sereniſſ. Bauariae Duci a Conſiliis etc. Integritate uitae, Zelo religionis, Legationibus obitis, uiuo uerbi Dei

---

*) Biblioth. Scriptor. Soc. Ieſu etc. Romae, 1677. fol. art. *Clauius*: A bubulo humi afflictus d. 6 Febr. 1612 contritus necatusque, dum inuiſeret ſeptem Vrbis templa. Es iſt ſonderbar, daß in der Denkſchrift nichts von dem tragiſchen Tode des großen Mathematikers, und von der beſondern Gunſt, in der er bey Sixt V ſtand, erwähnet iſt. Man ſehe Greg. Leti Vita di Siſto V, (Amſt. 1721. 8.) p. 430, wo dieſer große Papſt vom Clavius ſagt: Che quanto i Geſuiti non haveſſero havuto altro merito che queſto ſolo d'haver dato al mondo un Soggetto coſi virtuoſo, doveva baſtare per aggiungergli gloria.

Der Spital.

Dei eloquio, Libris editis orbi notus. Cuius anima Deo uiuat.

Der Spital

hat eine Kapelle zur Ehre St. Katharinens. Sie hat schöne Stuccaturarbeit. Das Altarblatt ist vom Hofmaler Scheubel. Der Spital selbst wurde zuerst von Gärtnern, Namens Tockler, auf 5 Personen gestiftet, nach und nach aber auf 100 Personen vermehret. Zu dem jetzigen schönen Gebäude von Quadersteinen hat Fürst=Bischoff Friedrich Karl, aus dem Schönbornischen Geschlechte, im J. 1731 den Grundstein gelegt. Der neue Krankenspital wird unten vorkommen.

Die Kirche der Klosterfrauen zu St. Clara,

ist 1341 erbauet. Sie wurde von Katharina Zollerin am Brandt gestiftet,*) Sie hat ein schönes Gemälde am Hochaltare. Georg. Franciscus Mika pinxit Herbipoli A. 1721. Diese Nonnen, Franciscaner Ordens, essen nie Fleisch, und haben eine strenge Clausur.

Die Universitätskirche.

Fürst Melchior Otto, geb. Voit von Salzburg, (daher die Universität die Ottonianische heißt) stiftete die hiesige Universität 1648 für die Jesuiten, welche Theologie, Kirchenrecht, und Philosophie in ihrem 1690 erbauten Collegio lehrten. Fürst Friedrich Karl (Graf von Schönborn) fügte 1739 die juri-

---

*) Brusch Chronol. Monaster. Germaniae praecipuorum, p. 492.

juristische und medicinische Facultät hinzu. Das anatomische Theater ließ Fürst Adam Friedrich (Graf von Seinsheim) 1773 bauen. Nach Aufhebung des Jesuiterordens wurde das Collegium der Universität übergeben. Meines wissens, wohnt nur noch Herr Prof. Jacobs darinn.

Ich will zuerst von der prächtigen Kirche reden. Sie wurde 1690 unter der Regierung Fürst Bischoffs Marquard Sebastians, aus der Familie der Schenken von Staufenberg, erbauet, wie über dem schönen Portale zu lesen ist. Er weihte sie am 17 May 1693 feyerlich ein. Die Länge ist von 200 Schuhen, die Breite 80.

Die Façade (sie hat verschiedene Bildsäulen von Heiligen in Blinden) hatte für mich etwas so feyerliches, daß ich allemal, bey meinem Aufenthalte in Bamberg 1775 und 1790 stehen bleiben und sie betrachten mußte,*) so oft ich vorbey gieng. Es durchkreuzten sich in meiner Seele traurige Gedanken über das Schicksal des Ordens, dessen große Verdienste Baco Verulam und Leibnitz hochschätzten, — des Ordens, der bey allen Vorwürfen, die ihm gemacht wurden, doch in allen Wissenschaften und Künsten die größten Männer, welche ewige Hochachtung bey allen helldenkenden Köpfen verdienen, aufzuweisen hatte, — — einen Guldin, Christoph Clavius, (er war ein Bamberger) Gregor

---

*) Es ist mir kein Kupferstich von dieser Façade bekannt.

Gregor a sancto Vincentio, Scheiner, Mariana, Baltasar Gracian, Heinrich Canisius, Petau, Sirmond, Andreas Schott, Famian Strada, einen Kircher, Lana, Sarasa, Spee, Sarbiewski, Balde, Rapin, Vaniere, Ceva, — einen Daniel, Bouguer, Bouhours, Boscovich, Hell, und einen Andreas Pozzo, — — Männer, welche beyden Scaligern, Keplern, Galilei, Descartes, Pascal, Hevelius, Euler, de Thou, Conring, Pufendorf, Thomasius, Rapin Thoyras, Virgil, Horaz, Lanfranco und Desargues, getrost an der Seite stehen können — — — des Ordens, dem man gab, wie die Welt giebt, d. i damit man es ihm wieder nehmen konnte!

Der Baumeister dieser Kirche richtete sich nach den Rissen des berühmten Jesuiten Andreas Pozzo,*) (geb. 1642 zu Trient, gest. in Wien 1709) welcher in der Baukunst, und vorzüglich in der Perspectivmalerey berühmt war. Er hatte in der ersten den Geschmack Franz Borromini (gest. 1667.) Dieser war auch Maler, aber bey allen seinen Talenten, eigensinnig. Indessen muß man die kecke Manier, sowohl in seinen Gebäuden, als in seinen Gemälden, bewundern. Insonderheit hatte Borromini einen Vorzug, den oft die größten Baumeister nicht haben, er sorgte nämlich für die Bequemlichkeit

---

*) Vite de' Pittori, Scultori, ed Architetti moderni, scritte da *Leone Pascoli*. In Roma, 1730. 4 mai. Vol. II, p. 245—276.

lichkeit in der innern Einrichtung seiner Gebäude, wie man an dem Oratorio der Kirche Vallicella in Rom sieht,*) wovon er ein eigenes Buch schrieb, das erst 1725 mit 67 Kupferstichen herauskam.

Pozzo, der nach Borromini studirte, ohne sich sklavisch an seine Manier zu halten, gab in Rom 1693 ein unsterbliches Werk, von der Perspectiv für Maler und Baumeister lateinisch und italienisch heraus. Der erste Band hat 105 Kupfertafeln; der zweyte 121 mit dem Bildnisse des Verfassers. Im J. 1707 kam es in London englisch, und 1711 in Augsburg deutsch an das Licht. Er hat das trefliche Haupt-Altarblatt dieser Kirche 1701 gemalt. Die Kuppel in Fresco ist von Franz Marcolini 1702. Die Altarblätter des heil. Kreuzes, des engl. Grußes, Ignaz und Xaviers sind von Oswald Unger 1691. Das St. Lorenz- und St. Ottilia Altarblatt hat der Bambergische Hofmaler, Sebastian Reinhard 1717 verfertiget, und das von St. Sebastian und Anna ist von Melchior Steudel. In der Stuffaturarbeit über der St. Ignazkapelle ist das Bildniß dieses Heiligen.

Das Institut der englischen Fräulen nahm 1713 unter der Regierung Lothar Franziscus (aus der Familie der Grafen von Schönborn) seinen Anfang. Diese sehr beliebten und fleißigen Frauen-

---

*) *Pascoli*, l. c. Vol. I, S. 298 u. f. *Monaldini* Vite de i più celebri Architetti d'ogni Nazione, etc. Roma, 1768. 4.

Frauenzimmer unterweisen junge Mädchen und Kostgängerinnen in der Religion, in guten Sitten, im Lesen, Schreiben, Nähen, Stricken u. d. g. Der Hochaltar ihrer 1724 neu errichteten Kirche hat ein schönes Altarblatt von M. Scheer; der Zufluchtaltar hat ein Gemälde vom Hofmaler Scheubel, der Schutzengelaltar vom Augsburger Maler Johann Wolcker, 1717.

Die Capuzinerkirche
wurde 1654 zu Ehre Heinrichs und Kunegundens eingeweihet. Sie hat am hohen Altare ein gutes Stück von M. Speer, 1742. Das St. Franziscus - Altarblatt ist vom Wirzburger Maler Georg Franz Micka, 1717 verfertigt worden. Das Kloster hat eine gute Sammlung von Büchern des XV Jahrhunderts, durch den unermüdeten Fleiß Hrn. P. Alexanders, jetzt Definitors der fränkischen Capuzinerprovinz.

Das Dominikanerkloster und Kirche
wurde 1310 von Bischoff Wülfing, Predigerordens, gestiftet. Das Hochaltarblatt ist von Johann Anton Glantschnigg, so wie auch die Gemälde im Kreuzgange, beym Refectorium. Das Vierzenheiligen - Altarblatt ist von Sebastian Reinhard; ein anders ist von Peter Valentini,*) einem Schüler Johann Maria Morandi. Thomas von Aquino ist von Johann Anwander 1757 unterzeichnet.

Das

*) s. *Pascoli* Vite de' Pittori moderni, T. II, p. 135.

Das Wunder von St. Vinzenz Ferrier ist von Johann Zeck. Das Altarblatt zum Rosenkranz ist vom Bamberger Maler Johann Roßer.

In dieser Klosterkirche sind auch viele Grabschriften edler Familiengrüfte. Eine auf rothem Marmor von einem Herrn von Schaumberg 1527; von der Lichtensteinischen Familie 1495, von einem Herrn von Redwitz 1505; von einer Familie von Dachbach 1500; von einer Schrotenbergischen 1745.

Die sehr ordentlich eingerichtete Bibliothek hat eine angenehme Aussicht. Der jetzige würdige P. Prior, Pius Brunquell, ein ungemein aufgeklärter Mann, zeigte sie mir 1790, als er noch Bibliothekar war. Es sind 214 sogenannte Incunabeln da, ohne Namen des Druckers und Druckortes.

Die erste deutsche Bibel von 1466 in Fol. Es ist dieses die höchstseltene so genannte Mentelische, oder Straßburger Bibel, welche die Herren Mast, Steigenberger und Panzer ausführlich beschrieben haben. Sie ist auch in der Nürnbergischen Stadtbibliothek.*)

Biblia Sacra, cum glossa ordinaria. in fol. 4 Vol.**) Die Anzahl der Bücher des ersten Drucks erstreckt sich auf 620, vom J. 1471 bis 1499 inclu-

---

*) s. meine Memorabilia Biblioth. publ. Norimberg. P. l. p. 348, 349.

**) s. *Freytag* Apparat. litter. T. I, p. 139.

incluſiue; daß ſich alſo die ganze Anzahl derſelben auf 834 Stücke beläuft. Conſtitutiones Clementis P. una cum adparatu D. Io. Andreae. Argent. per Henr. Eggeſteyn. 1471. Iſt auch in der Nürnbergiſch. Stadtbibliothek*) und in der Ebneriſchen, ſo wie mehrere der folgenden Bücher.

S. Auguſtini de ciuitate Dei, cum comment. Th. de Valois et Nicolai Triueth. Moguntiae, per Petrum Schoiffer de Gernsheim. 1473. fol.

Editio cum commentariis prima.

ſ. *Seemiller* Faſcic. I, p. 49. Cat. de la Valliere, T. I, p. 165, n. 450.

Rayneri de Piſis **) Pantheologia;

Anno a natiuitate Dni 1473. ſexto Idus April. finita Deo iuuante perfectaque eſt illa egregia ſumma fratris Rayneri de Piſis ordin. praedicat. quae alio nomine Pantheologia quaſi tota theologia haud ab re uocata eſt per induſtrioſos impreſſorie artis Mgros Iohannem Senſenſchmid de Egra et henricum kefer ***) de Moguntia Norimbergae

---

*) ſ. meine Memorabil. P. I, p. 268 und 437. P. II, p. 176.

**) ſ. T. I. Scriptorum Ord. Praedicator. Pariſiis, 1719; p. 635.

***) Dieſer Heinrich Kefer war ſchon 1455 Gutenbergs Diener, oder Druckergeſelle, wie man in der Streitſache mit Fuſt, in Köhlers Ehrenrettung Johann Gutenbergs, S. 55 erſicht: Nach ſolcher ſchickung vnd fragung ckwamen (kamen) in den gemel-

bergae ciues eo apposito imprimendi studio et ea corrigendi cura diligentiaque adhibita, qua maior adhiberi uix possit. De quo fine sit laus et gloria Deo trino et uno, qui est per saecula benedictus Amen. In fol. 3. Vol.*)

F. Nicolai de Ausmo Supplementum Summae, quae Magistrutia seu Pisanella uulgariter nuncupatur. *Nurmberge ductu Ioannis Sensenschmid eiusdem urbis ciuis et Andree frisner de bunsidel artium liberalium Magistri, sociorum. MCCCC LXXV. die XX m. Ianuarii.* in groß Folio. Ift auch in der Erlanger Universitätsbibliothek.

Aristotelis de animalibus Libri IX. cum libris V de partibus animalium, et libris V de generat. anim. latine, interprete Theodoro Gaza. *Venetiis per Iohannem de Colonia sociumque eius*

gemeltn refender der erfame Her Heinrich Chünter etwan pfarrer zu fant criftofer zu Mentz — Heinrich Keffer vnd Bertolff von Hanauwe diner vnd knecht deß genanten Johann Guttenberg vnd nachdem sie durch den genanten Johann Fuste gefreget vnd besprochen worden, u. s. w. Er kommt in den Nürnbergisch. Bürgerbüchern a parte S. Sebaldi, vom J. 1473 bis 1480 vor. Es ist höchst wahrscheinlich, daß Kefer schon 1470 mit Senfenschmid in Nürnberg gedruckt habe.

*) In der nürnbergischen Stadtbibliothek ist ein mit Gemälden geziertes herrliches Exemplar auf Pergament. Memorabil. Bibl. publ. Norimb. P. I, p. 319, 320.

eius *Iohannem manthen* de gherretzen. 1476. in fol. *Editio prima.* Seemiller Fasc. I, p. 91. In der Bibl. des Herzogs de la Valliere war ein Exemplar auf Pergament gedruckt, das in der öffentlichen Versteigerung 1784 um 499 Pfund, 19 Sols verkauft ward.

S. Hieronymi Tractatuum et Epistolarum Tomus I. Romae, *in domo nobilis uiri Petri* de Maximis iuxta Campum Flore. Presidente magistro Arnoldo Pannartz. 1476. fol. mai. Audiffredi Catal. Roman. edit. Saec. XV. 4 mai. p. 205. Seemiller Fascic. I, p. 98.

Pars secunda. *Rome per uenerabilem uirum magistrum Georgium Laur. de Herbipoli.* 1479. fol. mai. Audiffredi, p. 232.

Das Buch der sterñ meschiah — von Bruder Peter schwarcz prediger ordens. Eßlingen, vollendt von Conradus Peyner, 1477. gr. 4. s. Wolfii Biblioth. hebr. T. II, p. 1037. 1117. T. IV, p. 525—545. Panzers Annalen der ältern deutschen Litteratur, S. 95, 96.

Claudii Ptolemaei Cosmographiae Libri VIII. 1482. Vlmae, per Leonardum Hol. fol. c. 32 tabb. lign. s. *Raidel* de Cl. Ptolem. Geographia. p. 46. Panzer Annal. typogr. Vol. III, p. 535.

Außer dieser großen Anzahl von Büchern des XV Jahrhunderts hat diese Bibliothek viele große Sammlungen von andern Classen.

Der Handschriften sind 196.*) Die ältesten sind wohl diese beyde

Tractatus *Paschasii* ad Radbertum, de corpore et sanguine Christi.

Hieronymi interpretationes hebraicorum nominum. *Eiusd.* tract. de situ locorum in scriptis Vet. test.

Die kostbarste ist wohl der Codex Sermonum Leonis Magni in fol.

Da diese Religiosen mit so guten Hülfsmitteln versehen sind, so wünsche ich sehr, daß unter dem jetzigen Herrn Prior, in Vereinigung mit den Benedictinern, eine Kirchenbeschreibung, wie die schöne Schellenbergerische ist, eine Gelehrten=Geschichte Bambergs, eine Bambergische Buchdruckergeschichte, Kunstgeschichte u. d. g. nach und nach zu Stande kommen möge.

Ein vormaliger Bibliothekar fieng schon an, eine kleine Sammlung von Kupferstichen zu machen, auch von Muscheln und Konchylien.

Das Kloster der Franciscaner

war ehemals eine Wohnung der Tempel=Herren. Bischoff Wülfing wies sie im J. 1311 den Franciscanermönchen, Gaudentes genannt, an. Bischoff Georg (aus der Familie der Freyherrn von Schaum=

---

*) Hirsching sagt daher von dieser unrecht in seinem Buche von Bibliotheken, I Th. S. 41, daß es ihr an Manuscripten fehle; da er doch keine zu sehen verlangte.

Schaumberg) reformirte 1460 diese Franciscaner. Ihre Kirche hat ein schönes Gemälde des Hochaltars, in Rubens Manier, von Oswald Onger oder Unger. Das Josephs, Francisci- und Joh. Nepomucens Altarblatt ist vom Hofmaler Scheubel; das am Barbara, Sebastian, und drey Königen-Altare ist von einem Franciscaner Bruder, Magnus Rüber verfertigt, der 1686 gestorben ist. Es sind auch etliche uralte auf Goldgrund gemalte Tafeln da zu sehen, so wie auch schöne Choralbücher, mit herrlichen auf Goldgrund gemalten Anfangsbuchstaben. Verschiedene Familien haben steinerne Monumente in dieser Kirche. Die Voit von Rineck haben drey, von 1643, 1655, und 1670; die Wernau von 1675; ein Streitbergisches von 1560; von Lauter 1631; ein Fuchsisches von Bimbach 1539. Neben dem Franciscus Altare ist auf schwarzem Marmor diese Grabschrift der sieben Schnapaufischen Geschwistrige *) zu lesen:

Hic

---

*) Kunigunda, Maria Augustina, Johann (welcher kaiserl. wirklicher Hofrath, geh. Sekretär und Reichs-Referendar war) Georg Joachim, Anna Katharina, Anna Theresia, und Maria Barbara von Schnappauf vereinigten sich, von ihrer ansehnlichen Habschaft, weil sie alle im ledigen Stande lebten, eine Stiftung für Priester, zum Dienste der Seelsorge in der obern Pfarre, zu machen, welche 1749 Fürst Bischoff Johann Philipp Anton genehmigte, und Fürst Bischoff Adam Friedrich 1762 aufs neue bestättigte. s. Herrn Andr. Augustin Schellenbergers Geschichte der Pfarre zu U. L. Frauen in Bamberg, S. 125 u. f.

Hic cum piis Parentibus diu praedefunctis quiescunt in uno septem, quorum dum una uiuerent, fuit cor unum et anima una raro inter fratres sororesque exemplo. Tu qui trinus et unus es Deus, da eis in Te uno, qui es salus, resurrectio et uita, requiem et uitam aeternam. Ein seltenes Denkmaal!

Die Klosterbibliothek ist gut geordnet, und hat schöne Werke aufzuweisen.

Die Marienkapelle in der Judengasse war ehemals eine Synagoge, und wurde zu einer christlichen Kirche umgeschaffen. Weil sie aber gar zu alt und enge war, so ließ sie unter Bischoff Georg (Freyherrn von Schaumberg) Johann von Marschalk, Domherr und Scholasticus zu Bamberg, abbrechen,*) eine größere Kapelle, zur Ehre der heil. Jungfrau, bauen, und stiftete im J. 1470 ein Capital von 3500 Gulden, zu vier Priesterpräbenden, die der Stadtrath zu vergeben hat. Die Stiftungsurkunde findet man in des sel. Hrn Würdtweins nouis subsidiis diplomaticis, T. VII, S. 218.

Unter dem auf Goldgrund gemalten Marienbilde ist die ganze Geschichte dieser Marienkapelle zu lesen. Oberhalb der Kirchenthüre ist das Portrait des Stifters, und neben dem St. Annenaltare sein in Stein gehauenes Grabmaal, mit dem Wappen.

Das

*) Herr Schellenberger, l. c. S. 143.

Das Collegiatstift von St. Stephan,

ist von der Kaiserinn Kunegund 1009 errichtet worden. Papst Benedikt VIII weihete sie 1019 in Beysenn 72 Bischöffe und Prälaten, ein. Neun Capitularen, sieben Domicellaren, nebst zween Vicarien sind zu dieser Kirche gestiftet. Sie haben die Regel Augustins.

Der jetzige Chor ist 1628 den 5ten May vom bambergischen Baumeister Bonalino angefangen und das Jahr darauf vollendet worden. Die übrigen Theile dieser Kirche wurden von dem berühmten wirzburgischen Baumeister Petrino 1677 zu Stande gebracht.

Das schöne Gemälde am Hochaltar hat Hofmaler Johann Joseph Scheubel, als sein erstes Stück nach seiner Rückkunft aus Rom, gemalet. Noch in seinem 76 jährigen Alter 1762 malte er das Altarblatt für den Peter und Paulaltar. Die Grablegung Christi ist eine schöne Copie, die Johann Rudolf Byß*) nach dem Gemälde von Rubens, im großen Marmorsaale des Schlosses Pommersfelden, verfertigte. St. Stephans-Altar hat ein Gemälde von J. F. Steidel 1707. St. Kunegundis ist von Sebastian Reinhard; St. Lorenz Altarblatt von A. Schott 1687. Das andere Peter und Paul - Altarblatt ist bezeichnet: Canon.

---

*) Von diesem wackern Maler der 1738 in Wirzburg starb, s. Joh. Caspar Füeßlins Geschichte der besten Künstler in der Schweiz, 2ter Band, S. 224 u. f.

Canon. Will Cuſtos inuen. et dedit Anno 1604.

In der St. Johannis des Taͤufers Kapelle iſt das Altarblatt von Unger, wo ich nicht irre. Die zwey Gemaͤlde der Nebenaltaͤre ſind vom Hofmaler Scheubel.

Das Himmelfahrts Altarblatt bey der Sakriſtey iſt vom Hofmaler Scheubel.

In dieſer Sakriſten ſind herrliche Sachen. Ich ſah daſelbſt zween alte Codices. Der verdienſtvolle Herr Canonicus Hugo Eberhard Zehender zu St. Stephan hat mir, wegen der Menge andrer Sachen, die ich zu beſehen hatte, von dieſen Handſchriften noch mehrere Nachricht gegeben.

Der aͤlteſte pergamentne Codex iſt die ſogenannte Apokalypſe Johannis, zu K. Heinrichs II. Zeit geſchrieben. In Folio. Mit 51 Malereyen auf Goldgrund gezieret. Die Decke iſt mit Gold und edlen Steinen eingefaſſet. Vor der Apokalypſe ſteht nichts. Sie faͤngt ſich ſogleich nach dem erſten Gemaͤlde unmittelbar an: Apocalypſis Ieſu Chriſti, quam dedit illi Deus, etc. nach der Vulgata.

Der goldenen Malereyen ſind drey Gattungen. Die erſte iſt im Formate des Codex; die zwote nimmt nur den halben Theil des Blattes ein; die dritte beſteht aus zwey zuſammen geſetzten Bildern der zwoten Gattung.

An dieſe Apokalypſe iſt noch ein Evangelien-Codex

von St. Stephan.

Codex von der nämlichen Handschrift, angebunden, wie sie in der römischen Kirche an den Festtagen in der Messe gelesen werden. Er fängt an: Incipiunt Euangelia, quae leguntur diebus festis per circulum anni. In diesem Codex befinden sich fünf Malereyen auf Goldgrunde:

„Auf der ersten zu Anfange des Codex sitzet „K Heinrich auf einem Throne.*) Mit der rech„ten Hand hält er einen langen goldnen Stock, „oben mit einem Knopfe. Mit der linken hält er „im Schoße eine weiße, oder silberne, Weltkugel, „in deren Mitte ein goldnes Kreuz gezeichnet ist. „Auf jeder Seite des Kaisers steht ein Geistlicher „mit einem Buche, davon der erstere mit seiner „linken, und der andere mit seiner rechten Hand an „des Kaisers dreyeckigte Krone greifet, als wenn „sie ihm solche aufsetzen oder halten wollten. „Beyde Geistliche haben einen nimbum sanctitatis „um ihre Häupter. Ueber diesem Bilde stehet fol„gender Vers mit goldnen Buchstaben:
VTERE TERRENO· CAELESTI POSTEA REGNO.
„Unter diesem Bilde sind vier weibliche Perso„nen,**) als Genii diuersorum populorum et
„regno-

---

*) Herr Dominicus Helvicus Walther, Capitular bey St. Stephan, hat Schwarzen eine Abzeichnung davon mitgetheilet. s. dessen Erläuterung des Problems von des H. R. Reichs Erz-Schild-Herrn-Amte S. 221.

**) wie im dritten Codice (IV Euangeliorum) im Domschatze. s. Anhang. Num. II.

„regnorum, deren die erstern zwo den andern bey„
„den gegen über stehen. Die zwo in der Mitte sind
„mit einem weißen Unterkleide, und purpurnem
„Obergewande, gezieret. Jede trägt auf ihren
„Händen ein gelbes Gefäß mit Gold und Edelstei„
„nen gefüllet. Hinter jedem dieser beyden Frauen„
„zimmer steht ein anderes von gleicher Größe,
„auch mit einem weißen Unterkleide, aber einem
„blauen Obergewande, angethan. Diese vier Fi„
„guren haben einerley goldne und am Rande mit
„Perlen besetzte Kronen, welche alle des Kaisers
„Krone ähnlich sind. Ueber diesen vier Geniis ste„
„hen keine einzele Namen, (wie im Domcodex) son„
„dern folgender mit Gold geschriebener Vers:

DISTINCTE GENTES FAMVLANTVR DONA
FERENTES.“

Ein anders kleines Gemälde zeiget den Kai„
ser stehend, mit der Krone, und einem Scepter in
der linken Hand. Die rechte giebt er der vor ihm
stehenden Kaiserinn, welche auf den zu Füßen lie„
genden Neid, oder Verläumdung, tritt, und eine
umgekehrte spitzige Lanze auf ihn richtet, mit der
Ueberschrift:

POENITEAT CVLPAE QVID SIT PATIENTIA DISCE.

Sonder Zweifel wird hier die Versöhnung
Heinrichs mit seiner Gemahlin Kunegunde, wegen
der unverdienten Beschuldigungen, angedeutet.

Auf

von St. Stephan.

Auf dem Bande ist von der in Gold gegrabenen Aufschrift noch so viel zu lesen:

— — HENRIC ET KVNIGVNT
HAEC TIBI MVNERA PROMVNT.

Der andere, aber neuere, Codex hat eine vergoldete silberne Decke, worauf die Kreuzigung Christi, mit Marien und Johannes in getriebener Arbeit zu sehen ist. Diese Handschrift enthält ebenfalls die Evangelien, wie sie in der Messe gelesen werden, und besteht aus zwo Abtheilungen. Sie fängt mit einem Evangelium in Festo Doctoris Ecclesiae an, welches das ganze erste Blatt anfüllt. Alsdann lieset man: Incipiunt Euangelia per anni circulum. Hierauf fängt der erste Theil an mit dem Evangelium des ersten Adventssonntags. Zu Ende dieses ersten Theils sind noch einige Gebete beygesetzt. Aus einem derselben erhellet, daß der Codex zum Gebrauche dieser Stiftskirche geschrieben worden sey.

Ich muß hieben die Anmerkung machen, daß ich an verschiedenen Stellen dieses und des vorigen Codex bey manchen der gemalten Anfangsbuchstaben (so wie auch an etlichen Codicibus der Dombibliothek) eine Art von blindem Vordrucke durch einen Stampill, bemerket habe, nach welchem gemachten Eindrucke die Miniatoren oder Maler arbeiteten.

Man nimmt öfters in alten Manuscripten, und in Büchern des ersten Druckes einen blinden
Vor-

Vordruck der verzierten Anfangsbuchstaben wahr, welches einen Beweiß der Anwendung der Stampillen zur Schönschreiberey giebt. Bisweilen ist unter der Malerey ein vorher gemachter Eindruck zu fühlen. In den vielen schön illuminirten Handschriften und Büchern des XV Jahrhunderts auf der Nürnbergischen Stadtbibliothek habe ich zwar dergleichen Vordruck, oder auch Merkmale einer Patrone, nicht bemerket; allein andere Beyspiele setzen beyder Gebrauch bey dergleichen Buchstabenmalerey ausser Zweifel. Ueberhaupt lässet in vielen alten Handschriften schon die Gleichheit der Buchstaben eine Art von dergleichen Vordruck, oder eine Patrone, wie sie die Schriftgießer nennen, vermuthen. Mein sel. Freund, Herr Breitkopf, war von beyder Gebrauch bey dergleichen Buchstabenmalerey überzeugt, wie er mir schon im J. 1778 schrieb. So hatte man in Klöstern Italiens und Frankreichs messinge, kupferne, elfenbeinerne, oder hölzerne Täfelchen,*) auf welchen die Buchstaben ausgeschnitten waren. Solche waren schon bey den römischen Schreibmeistern im Gebrauche,**) und ich ließ ein solches aus den Zeiten

Kaisers

---

*) Heinecken Idée générale etc. pag. 271.

**) Quinctilian. L. I, c. 1: Non excludo autem id, quod est notum, irritandae ad discendum infantiae gratia, eburneas etiam litterarum formas in lusum offerre.— Cum uero iam ductus sequi coeperit, non inutile erit eas tabellae quam optime insculpi, ut per illos uelut sulcos

Kaisers Constantins aus Tristans Commentaires historiques, T. III, p. 631 der Kupferplatte einer Präsentirschaale von Erz, aus den Zeiten der Antonine, zum zweyten Theile meines Journals zur Kunstgeschichte und zur allgemeinen Litteratur beyfügen. Muß man sich nicht wundern, daß das Form- oder Hochschneiden und Kupferstechen, nicht schon damals erfunden wurde, da man beyden so nahe war? Ich komme nun wieder zu unserm Codex.

Der Anfang des zweyten Theils des neuern Codex ist: Incipiunt Euangelia de Sanctis per circulum anni. Am Ende ist ein Breuiarium de Sanctis, oder ein Verzeichniß der Evangelien an den

sulcos ducatur stylus. Hieronymus ad Laetam: Fiant ei litterae uel buxeae uel eburneae, et suis nominibus appellentur. Ludat in eis, ut et ludus ipse eruditio sit. Eine unbegreifliche Langsamkeit oder Schläfrigkeit des menschlichen Geistes, seine Kenntnisse zu erweitern, wenn Gewohnheit ihn verblendet, verspätete die Erfindung der Buchdruckerey, da doch die Haruspices viele Jahrhunderte auf ihre flache Hand schwarze Buchstaben verkehrt zeichneten, die sie alsdann mit frommen Betrug auf die Leber und Lunge der geopferten Thiere druckten — da doch die Siegel der Augenärzte,*) und die ältesten Gemmen so leicht, wenigstens zum Formschneiden, hätten Gelegenheit geben können. s. oben S. 103.

*) *Saxii* ep. ad Henr. van Wynn, de ueteris medici ocularii sphragide, prope Traiectum ad Mosam nuper eruta. Vltraiecti, 1774. gr. 4. Mein seel. Freund, Herr Hofrath J. E. J. Walch hat in seinen Antiquitt. med. selectis, Ienae, 1772. 8. achtzehn solcher Siegel bekannt gemacht.

den Festtagen der Heiligen, wie sie in dieser zweyten Abtheilung zu finden sind, angehänget.

Unter den Alterthümern fand ich folgende sehr merkwürdig. Die meisten sind gewiß aus den Zeiten Kunegunds.

Eine Art von Chatoulle K. Heinrichs, mit der Aufschrift:

PARTĒ SVME SACER XPI STEPHANE MINISTER.

Vorne ist ein Onyx 1½ Zoll hoch, 1 Z. breit.

Ein Reliquiarium hat diese Umschrift:

Christe Patris uerbum caro iam de uirgine factum.

Umher sind drey Evangelisten; der vierte fehlt.

Ein anderes Reliquiarium. S. Stephani dens, etc.

Ein silberner Arm hat eine mit Edelgesteinen verzierte Pflugschaar in der Hand. Es sind an diesem Arme verschiedene antike Gemmen; unten ist ein Carneol, auf welchem ein einwärts geschnittener Merkur ist, wie er, als ταμιας ψυχων (dispensator animarum) einen Todten auferweckt.*)

Tum uirgam capit: has animas ille euocat orco.
Virgil. Aen. L. 6.

Auf einem andern Carneol sieht man ein cornucopiae.

Ein Schmuckkästchen, mit dem Schlößchen. Ich habe es genau betrachtet. Es könnte wohl aus den

---

*) s. meine descript. du Cab. de Mr. Paul de Praun, pag. 289, 290.

den Zeiten Kunegundens seyn, und verdiente abgezeichnet zu werden. Es hat elfenbeinene Zierrathen mit Edelsteinen.

Eine vergoldete silberne Monstranz, mit kostbaren Ringen und Kreuzen. Werner Schnaz, ein ehemaliger Dechant des Stifts, der zugleich Weihbischoff war, hat sie hieher verehret.

Ein Altare portatile, auf dessen drey Ecken silberne Löwenköpfe hervor ragen. In der Mitte ist ein grüner Marmor, mit edlen Steinen rings herum besetzt.

Die Marienkirche zur obern Pfarre.*)

Im J. 996 war bereits eine Kapelle zu unser L. Frauen in Bamberg, in welcher, wie man sagt, die Grafen von Babenberg ihre Begräbnisse hatten. Die älteste Urkunde der obern Pfarrey ist vom Jahre 1264, in welcher diese Pfarrey schon Parochia S. Mariae, St. Mariens Pfarre, genennt wird.

Die jetzige Pfarrkirche ist in der ersten Hälfte des vierzehnten Jahrhunderts erbauet. Sie wurde erst 1387 eingeweihet, von Lampert von Brunn, dem 30sten Bischoffe Bambergs. Die Länge beläuft sich auf 218 Schuhe, die Breite aber hat 82. Die Höhe

---

*) Geschichte der Pfarre zu U. L. Frauen in Bamberg; von Augustin Andreas Schellenberger, Pfarrverweser. Bamberg, 1787. gr. 8. mit Kupfern. Ist sehr gut geschrieben.

Höhe des Chors ist 105¼ Schuhe, und in dem Schiffe, oder Langhause der Kirche beträgt sie 88 Schuhe, 10 Zoll.

Sie hat 15 Altäre. Auf dem Hauptaltare ist eine uralte sitzende hölzerne mit Gold und Wasserfarben gezierte Statue der heil. Jungfrau, 5 Schuhe, 7¼ Zoll hoch. Das Jesuskind steht, und hält in seiner linken Hand einen Vogel. Außer dem Chor an der ersten Säule steht der Altar, dessen Gemälde die Sendung der Apostel vorstellt. An der gegen über stehenden Säule, auf der Epistelseite, ist der Altar Mariä Himmelfahrt. In dem gewölbten Gange hinter dem Chor sind die Altäre zu Ehren des heil. Laurentius, Josephs, Johannes von Nepomuk, des heil. Cajetans, der heil. Kunegund, und St. Sebastians. In dem Nebengange des Langhauses auf der Evangeliumsseite sind die Altäre zu Ehren der heil. Anna, der Kreuzaltar, und der Altar des heil. Johannes des Taufers nächst dem Taufsteine; auf der andern Seite aber sind die Altäre des heil. Schutzengels, St. Nikolaus, und Mariä Empfängnis.

Der Taufstein ist achteckigt, und mit hölzernen Tafeln bekleidet, auf welchen die sieben Sakramente und die Taufe Christi zu sehen sind.

Das Sakrarium dieser Pfarrkirche, oder der Ort, wo das Hochwürdigste für die Kranken aufbewahrt wird, ist im J. 1392 hinter dem Chor errichtet worden, wie die Innschrift beweiset:

año

año M. ccc. lxxxx. ii am
montag. nach. egidy. wa
rt. der. erst. Stain. gelait. (gelegt)

Herr J. E. Weinrauch hat es sehr accurat in Kupfer gestochen.

Diese Kirche hat sechs Glocken. Die gröste, die Türkenglocke genannt, 1521 gegossen, hat diese Umschrift:

Aue maria, gratia plena, Dominus tecum. Benedicta tu in mulieribus † anno Domini M. CCCCC. XXI.

Sanctus Mattheus Marcus Lucasque Ioannes Quatthuor hi Christe † mala pellant ac sonus icte.

Auf der einen Seite dieser Glocke ist das Bildniß Christi, mit der Schrift: Saluator mundi; auf der andern Seite ist das Bildniß Kunegundens, mit den Worten: Sancta Kunegundis.

Die andere Glocke, die Annenglocke genannt, hat die Umschrift: Vox ego sum uite Christum laudare uenite. Anno MCCCCCXX. Auf der einen Seite ist das Bild der heil. Anna, mit dem Worte: S. Anna. ⋈; auf der andern das Bild des heil. Johannes des Evangelisten, mit der Beyschrift: S. Iohannes. T.

Die dritte Glocke heißt die Petersglocke, mit der Umschrift: Aue Maria, Gratia plena, Dominus tecum. Benedicta tu in mulieribus.

Die vierte, die Provisurglocke, wurde im J. 1780

1780 wieder neu gegossen, weil sie durch einen Riß unbrauchbar ward.

Die fünfte, die St. Katharinenglocke, (weil sie vor Zeiten auf dieser*) Kapelle hieng) hat drey sogenannte Jerusalemerkreuze, und eine sehr unlesbare Umschrift.

Die sechste ist die Meßglocke, die 1715 von Johann Keller in Bamberg gegossen wurde.

Unter der großen Orgel, ist zu beyden Seiten eine Krippe in Holz von Bildhauerarbeit angebracht, welche Herr J. C. Weinrauch 1787 sehr gut gezeichnet und in Kupfer gestochen hat. Sie hat die Jahrzahl mit dem Zeichen 1523**) und ist weder Veit Stoßen, noch Albrecht Dürern zuzueignen. Dieser letztere hat nie ein so großes Werk, auch wohl nie etwas in halb erhobener Arbeit geschnitzet; auch ist seine Manier gar nicht in diesem Stücke zu finden.

Eine silberne Monstranz; an deren Spitze ist die Jahrzahl 1477 eingeprägt.

Ein silbernes Crucifix vom J. 1496, auf dessen

---

*) Die Katharinenkapelle wurde 1453 neben dieser Pfarrkirche erbauet.

**) Dieses nämliche Zeichen mit dem Buchstaben F und S hat Christ, unter seinen Monogrammen, S. 183, und soll es Franz Stöß bedeuten; den aber niemand kennt. Man sehe, was ich davon in meinen Merkwürdigkeiten Nürnbergs, a. d. 525sten Seite gesagt habe.

dessen Rückseite das Bildniß Mariens, mit den Zeichen der vier Evangelisten eingegraben ist.

Zwey fein getriebene Silberstücke, als kleine Altäre mit Ebenholz gezieret, die Himmelfahrt Mariä, und ihre Krönung, mit dem Zeichen HB.

Die Grabmäler dieser Pfarrkirche hat Herr Schellenberger ausführlich beschrieben.

Die Benedictiner Abtey St. Michaels, auf dem Mönchsberge, oder Michaelsberge.

K. Heinrich und Kunegund stiffteten sie im J. 1009.

Der achte Bambergische Bischoff Otto der heilige, erbaute sie 1121.*)

Sie hat eine vortrefliche Aussicht. Es sind 38 Religiosen in dieser reichen Abtey, welche Fremden sehr gerne ihre Schätze zeigen.

Die Bibliothek steht in einem hellen Saale. Unter mehrern Handschriften sind auch viele Werke des heil. Augustins, auf Pergament.

Viele Abschriften von der Lebensbeschreibung des heil. Otto, achten Bischoffs von Bamberg, so der 37ste Abt, Andreas, geschrieben. Man sehe oben a. d. 7ten Seite.

Die prächtige Kirche hat eine schöne Façade. Sie hat drey Orgeln, und schöne Gemälde. Der Chor ist sehr schön. Vor demselben ist ein altes Gemälde, die Kreuzigung Christi auf Goldgrund gemalt.

---

*) Das Verzeichniß der Aebte hat Brusch in Chronol. Monasteriorum Germ. Sulzb. 1682. 4. pag. 313—330.

gemalt. Das Leben des heil. Otto ist mit Elfenbein, Perlenmutter und ausländischen Hölzern sehr künstlich ausgelegt von Franz Böhm, Schreinermeister und Ebenisten, von dem auch die schöne Kanzel ist.

Auf dem Hauptaltare ist die Himmelfahrt Christi von Johann Joseph Scheubel, so wie auch die übrigen Altarblätter, bis auf das am Zwölfbothen Altare welches Speer gemalt hat.

Das Grabmaal des heil. Otto im Chore zeiget ihn liegend in Lebensgröße, in seiner bischöflichen Kleidung. Zu seinen Füßen ist ein Lamm. Die Umschrift heißt also: Anno Domini M. C. ij, iij Jdus Maii ordinatus est in Episcopum sanctus Otto Anno M C xl. ij kal. iul. obiit sctus Otto. Anno. M. C. lxxxix. ij kal. octobris translatus est sanctus ac deo dignus Episcopus. Sie bedarf aber Verbesserungen.*) Am 13 May oder III. Id. lebte sein Vorfahrer Rupert noch, bis zum 11 Jun. Otto wurde erst 1106 vom Papste Paschalis zum Bischoffe geweihet. Er starb auch nicht 1140, sondern 1139, am 30 Junius. An den Seiten sieht man den Erzengel Michael, Maria mit dem Kinde, neben ihr den heil. Otto, der ein Buch**) in der rechten, und den Bischofs-

---

*) Acta SS. Antuerp. m. Iul. T. I, p. 373. n. 112. auch n. 59, 61 und 81.

**) Der Kupferstich beym Ludewig, Praef. p. 8. ist hier nicht ganz accurat.

schofsstab in der linken Hand hält. K. Heinrich und seine Gemahlinn tragen die Domkirche. Alsdann kommt eine 2 Schuh breite, drey Schuh hohe Oeffnung, wodurch man sehr gebückt hindurch gehen kann. Neben dieser Oeffnung ist der heil. Stephan.*) Es scheint dieses Grabmaal erst im XIV Jahrhunderte verfertigt zu seyn.

Oberhalb diesem Grabmaale ist ein hölzerner Kasten mit einigen Gebeinen des heil. Otto, in einem zierlichen Gitterwerke.

Neben diesem Grabe, zur linken Hand, gegen die Epistelseite, ist auf einer Säule sein steinernes Bildniß, mit der Bischofsmütze, Casula und Pallio. Es hat wohl diese Bildsäule auf dem Grabmaale liegen sollen, weil man hinter seinem Haupte ein Küssen sieht.

Der Kirchenschatz, der an den höchsten Festen ausgesetzt wird, ist sehr wichtig. Es sind vorzüglich folgende Stücke zu bemerken.

Ein Heiligthumskasten, in welchem viele Gebeine des heil. Otto liegen.

Dessen Meßgewand, Stola und Jnful, mit Gold durchwirkt.

Der obere Theil von seinem Bischofsstabe.

Sein Spazierstab, ist so gestaltet ⊤ wie eine

---

*) Ludewig l. c. §. XIII. schreibt unrecht: circa ostium exspectante ac adparente *monacho*.

Krücke; oben auf dem silbernen Queerstücke ließt man: GRATIA DEI IT (sic) SUM QUOD SUM.

Das pergamentne Pontificalbuch, welches Otto zu Bekehrung der Heiden in Pommern gebrauchte. In folio.

Zween geweihte Kelche, deren einer sein Pontificalkelch gewesen. Der andre Kelch lag mit ihm, nebst dem Meßgewande, der Stola und Inful, funfzig Jahre unter der Erde.*)

Sein Kinn, in einer goldnen Einfassung mit Edelsteinen. Dessen Hirnschale ist mit vergoldetem Silber eingefasset.

Vom K. Heinrich und K. Kunegund werden folgende Kostbarkeiten aufbewahret:

Der Stiftungsstab, den er selbst dem ersten Abte dieses Klosters, Ratto oder Rapatho, 1015**) einhändigte. Er hat die Aufschrift DE BACULO STI PETRI APLI.

Das prächtige uralte, von einem griechischen Künstler verfertigte goldne Kreuz, Morgengaba, Frühgabe, womit K. Heinrich seine Gemahlinn am Tage nach der Vermählung, beschenket haben soll. Diese verehrte es dem Kloster.

---

*) Acta Sanctor. Antverpiensia, m. Iulii, T. I, p. 373. Daselbst ist auch das Grabmaal des heil. Otto in Kupfer gestochen zu sehen.

**) s. Gasp. Bruschii Chronologia Monasteriorum Germaniae praecipuorum etc. Sulzbaci, 1682. 4. pag. 312—330, wo die sämtlichen Aebte verzeichnet sind.

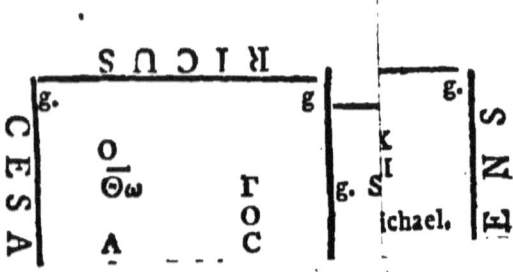

Es ist in den Actis Sanctor. Antuerp. m. Iul. T. III, p. 784 sehr accurat von P. B. Bouttats in Kupfer gestochen.*) Aus dieser genauen Abzeichnung der Figur und der Worte, hier gegen über, kann man sich einen hinlänglichen Begriff davon machen. Bey der Kantenschrift:
† Iesu Christe, bonum clemens crucis accipe donum,
Quod dabit Heinricus Cesar pius atque secundus.
berufe ich mich auf das, was ich oben S. 96 von mehrern dergleichen Umschriften sagte.

Diese Umschrift ist aus der Zeit Heinrichs: das Kreuz selbst ist unstrittig in Constantinopel verfertiget worden, und vielleicht hundert Jahre älter. Oben ist der heil. Nikolaus eben so wie auf dem Einbande des Evangelienkodex im Domschatze. In der Mitte ist Christus am Kreuze, mit 4 Nägeln befestigt, und mit dem Schurze, und Fußbrette. Der Titel des Kreuzes hat die Buchstaben I C X C (Ιησους χριστος) Oberhalb sind zween klagende Engel. In der Mitte des Kreuzes sind Maria und Johannes, Halbfiguren, mit den Worten: Ιδε ο υιος σου. Ιδου η μητηρ σου. Siehe, das ist

*) P. Johann Risse, Rector des Collegium S. I. zu Bamberg, überschickte 1695 eine Abzeichnung davon an Papebroch. Ludewig ließ auch eine Abzeichnung seinen Scriptor. Episc. Bamb. Vol. I, p. 7. und 8. der Vorrede beyfügen. Keine war accurat. Otto Schugenz verfertigte die oben angezeigte accurateste, unter den Augen Eppenauers und P. Pottü.

ist dein Sohn. Siehe, das ist deine Mutter. Schurz und Fußbrett sind schon im 9 und 10ten Jahrhunderte an den Figuren des Gekreuzigten zu sehen, insonderheit an griechischen. Man sehe *I. E. I. Walch* de antiqua cruce stationali aerea latina inaurata Musei Ebneriani; in nouis Miscell. Lips. Vol. IX, P. I, pag. 74, 75. Janning Acta SS. Iunii, T. VII, pag. 141. *Curtius* de clauis dominicis, pag. 102. *Lambecius* de Biblioth. Caes. Vindob. L. II, pag. 482. *Phil. de Venutis* Diss. de cruce Cortonensi. Liburni, 1751. 4 mai. Herr Cardinal *Steph. Borgia* de cruce Vaticana, pag. 45 hat eben solche Figur auf dem kleinen bronzenen griechischen Kreuze zu Veroli abbilden lassen. Der sel. Reiske hat das höchst kleine wackerbarthische griechische Diptychon erklärt, auf dessen Rückseite eine gleiche Figur Christi zu sehen ist. *)

Auf der Rückseite des Kreuzes ist das Lamm Gottes, unter diesem steht K. Heinrich, mit dem Titel Imperatoris Augusti, zwischen den Symbolis der vier Evangelisten. Diese Figur ist also nach 1014 gefertigt, in welchem Jahre Heinrich und seine Gemahlinn gekrönet wurden.

Der Stab, worauf das Kreuz gesteckt wird, ist mit Silber überzogen, und fünf nürnberger Schuhe lang.

Die

*) Im dritten Th. der Sammlung einiger ausgesuchten Stücke der Gesellschaft der freyen Künste zu Leipzig, N. XXIII.

auf dem Mönchsberge.　155

Die Krone der heil. Kunegund, die sie bey Solennitäten zu tragen pflegte,*) kommt in der Form sehr mit den Kronen der constantinopolitanischen Kaiserinnen überein. Sie ist von vergoldetem Silber, 7 Zoll hoch, oben offen; unten ist sie enger. Oben geht sie in 20 mit langen Perlen besetzte Rundungen aus, und rings herum ist sie mit sehr vielen großen und kleinen Perlen, und mit 18 edlen Steinen besetzt. Vorne ist an einem zierlichen Kreuze Christus zwischen Marien und Johannes.

Die andere kleinere Krone der heil. Kunegund ist auch von Silber. Sie scheint die Hauskrone der Kaiserinn gewesen zu seyn. Sie ist kaum 5 Zoll hoch und geht gerade hinauf, so daß sie oben so weit ist, als unten. Oben sind fünf lilienförmige Zierrathen. Sie ist auch mit vielen Perlen und einigen edlen Steinen besetzt.

Der Gürtel der heil. Kunegund, mit einer silbern-vergoldeten Schließung, worauf die 4 Evangelisten IOHANNES   LUCAS
　　　　　　　　　　MARCUS   MATEUS

Im

---

*) Der Jesuit Sollier tadelt den Herrn von Ludewig ohne Grund, in Actis S. Henrici; (m. Iul. T. III. der Actor. SS. Antuerp, p. 718.) wenn er schreibt: Ridebis cum Bambergensibus, binas illas coronas ex S. Michaelis a *Ludewigio* (Scriptor. Bamberg. Praef. p. 8.) sic exhibitas, ut alteram, *in sollemnibus*, alteram *in quotidianis* usitatam comminiscatur, cuius rei nec umbram subesse, mihi testatus est Schugentius. Er hätte nur *Ludewigs* Noribergam Insignium Imperialium tutelarem, p. 130, 131 nachlesen dürfen.

Im sammetenen Mittelstücke dieses Gürtels ist diese Aufschrift mit Gold gestickt, und mit Perlen eingefaßt:

SANCT CVNEGVNDA GVRTL

Zu beyden Seiten ist das wahre Cingulum, welches eine Legaturtresse*) ist, 1½ Zoll breit. Der Zedel ist von grüner Seide. Der ganze Gürtel ist 3 Schuh 4 Zoll lang.

Kunegund verehrte auch dem heil. Gotthard, Abte zu Niederaltaich, einen solchen Gürtel, den sie eigenhändig gewirkt haben soll. Er ist einen halben Daumen breit. Es sind auf demselben die Worte SOLA FIΔES zwölfmal wiederholet.**)

Die aus einem Glasflusse bestehende Schale, mit einem zinnernen Fuße, der abgebrochen ist.

Man sagt, daß Kunegund aus dieser Schale die Bauleute der Stiftskirche zu St. Stephan im J. 1019 bezahlt habe. Am Eingange zur Seite des rechten Flügels der vorigen St. Stephanskirche, sah noch 1660 der Jesuit Gottfried Henschen die Kaiserinn mit dieser Schale gemalt.***) So ist

sie

---

*) Wie der eine Gürtel bey den Reichsinsignien, wovon der 15te Th. jmeines Litteratur- und Kunstjournals, S. 349 u. f. nachzusehen ist.

**) Monumentor. Boicor. Vol. XI, p. 24.

***) Supererant ex ueteri structura templi Canonicorum regularium S. Stephani, ab eadem Imperatrice exstructi et dotati solae alae seu crucis brachia, ubi in ala dextera ad ingressum lateralem picta erat S. Cunegundis cum lance illa. Acta SS. Antuerp. m. Mart. T. I, p. 271, §. 4, n. 25.

auf dem Mönchsberge. 157

sie auch im Holzschnitte der Ausgaben der Legend Heinrichs und Kunegundens sowohl von 1493 als 1511 vorgestellt.

Ein silbernes Kreuz, das die K. Kunegund auf der Brust getragen hat. Es ist 4¼ Zoll hoch oben von Goldblech, unten von Silber und hat diese Gestalt

Collegiatstifts Kirche zu St. Jakob.

Bischof Herman I erbaute sie 1073. Dieses Stift hat acht Capitularen, und zween Domicellaren, nebst einem Vikar.

Die Kirche wurde 1771 renovirt. Das Portal ist eine Erfindung des sel. Neumann, wirzburgischen Baumeisters. Die Figur an der Façade ist von Michael Diez. In der Kirche sieht man alte Gemälde auf Holz, insonderheit eines, welches das Innere der Domkirche, mit den Altären, Chören, Orgel und Kirchenstühlen ꝛc. zeiget.

Die in Fresco gemalte Kuppel ist vom wirzburgischen Hofmaler Christoph Fesel; das Hochaltarblatt von Johann Joseph Scheubel. Die Figuren am Kreuzaltare, Maria und Johannes, sind von Marquard Treu. St. Magdalena ist von A. Schott,

Schott, 1690. Der 1798 verstorbene Dechant, Herr Johann Schott, war eine Zierde des Capitels.

Das Karmelitenkloster

ist im ehemaligen Nonnenkloster zu unsrer l. Fr. und St. Theodor auf dem Kaulberge. Im J. 1149 verlegte Gertraud,*) Tochter Konrads Markgrafens zu Meißen, das Michelfeldische**) adeliche Bene-

*) Hermannus, ihr Bruder, eilfter Bischoff zu Bamberg, († 1177) liegt in diesem Kloster begraben.

**) Postero anno (1149) Gertrudis, Conradi, Marchionis Misnensis, filia, Hermanni, comitis palatini ad Rhenum, coniux, coenobium uirginum Michelfeld, a colle S. Nicolai Babebergam ad S. Theodorum transtulit, atque in eo loco, ubi adhuc hodie uisitur, et Eberhardus, primus ecclesiae Babebergensis episcopus, hospitale construxerat, aedificare instituit, et luculentissimis possessionibus auctum, defuncto marito multarum uirginum abbatissa, per plures annos administrauit. —— A. 1153 Eberhardus II episcopus, certos quosdam reditus monasterio S. Theodori tradidit, et pro sustentatione uirginum, in uitae communionem aggregatarum, sumptus constituit annuos. Ei donationi Gregorianum collegium consensit. *Marr. Hoffmanni* Annal. Bamberg. L. III, ap. Ludew. col. 124 und 126. Die Aebtissinnen waren: 1) Frau Gertrudis, die Stifterin; starb 1191. 2) Bertha. 3) Melthedis. 4) Clara Lißbergerinn. 5) Elisabet von Thüngenreuth. 6) Margareth Grossinn von Trogau. 7) Elisabet von Draunrarth, st. 1390. 8) Christiana von Rabenstein. 9) Katharina Stibarinn. st. 1436. 10) Gertraud von Auffees, war Bischoffs Friedrichs leibliche Schwester; st. 1459. 11) Kunigund Schenkinn von Wetzhausen, st. 1498. 12) Katharina Schafstalerinn; st. 1520. 13) Magdalena von Lichtenstein; st. 1528. 14) Dorothea. 15) Ursula von Rosenau. Brusch Chronol. Monasterior. Germ. p. 491.

Das Karmelitenkloster.

Benediktiner Nonnenkloster nach Bamberg, an den Platz, wo Bischoff Eberhard I einen Spital erbauet hatte. Ihr Bruder, Hermann, Bischoff zu Bamberg, räumte ihr den Spital zu St. Theodor ein. Eberhard II, zehnter bambergischer Bischoff vermehrte es 1153 mit Einkünften. Es sind noch jetzt oben im Gewölbe des Kreuzganges der Karmeliten die Wappenschilde dieser adelichen Klosterfrauen zu sehen. Im J. 1591 wurde vom Bischoff Ernst (von Mengersdorf) dieses Kloster*) den damals auf dem Markte, wo jetzt die Universität steht, wohnenden Karmeliten eingeräumt, und ihr Kloster in ein Gymnasium verwandelt, welches nachher 1610 Johann Gottfried von Aschhausen den Jesuiten einräumte. Dieses Carmelitenkloster wurde 1692 neu gebauet, und der damalige Prälat der Abten auf dem Michaelsberge, Christoph Ernst von Guttenberg, legte am vierten May besagten Jahres den ersten Stein dazu. Der 41ste Prior, P. Engelbert a S. Francisco, hat alles 1739 restaurirt. Die Altarblätter der Klosterkirche sind sämtlich von Sebastian Reinhard, bis auf das am St. Nepomucs-Altare. Bey dem St. Barbara Altare ist ein altes Gemälde auf Holz. Das Loretohaus ist dem italienischen Originale vollkommen ähnlich.

Der Büchersaal ist beträchtlich. Der gefällige Bibliothekar des Klosters zeigte mir den Manuscripten-

*) Auf St. Niklas Bühel.

scripten=Vorrath von 124 Stücken, der aber meist in ascetischen und homiletischen Schriften besteht. Der gedruckten Bücher mögen jetzt wohl 10000 seyn, unter welchen 469 sogenannte Incunabeln sind, über welche schon 1786 der sel. P. Bonifacius a S. Elisaeo ein Verzeichniß gefertiget hat. Es sind auch Augustini opera in einzelnen Handschriften da; aber keine ist alt zu nennen. Hier zeige ich einige der vornehmsten vom J. 1472 bis 1498 an. *)

1472.
Beati Ambrosii Mediolanensis Epī Hexameron. *Per Iobannem Scbusler imperialis urbis Aug. ciuem quam diligenter impressum. A. 1472, circiter ydus maijas XI. fol. min. Editio princeps.*

1473.
Bartholomaei Cepollae Tract. de seruitutibus urbanorum et rusticorum prediorum. — — *Romae impressus Anno salutis 1473. fol. mai.*
Guil. Durandi Rationale diuinorum officiorum — — *Per discretum Iobannem Zeiner ex Rütlingen procreatum urbe Vlm morantem cum dil. impressus.* 1473. fol. mai.

1474.
Aurea Bulla. *Impressum per Fridericum Creussner de nurmberga.* A. 1474. fol. min. Vid. a. 1477.
Antonii

---
*) F. K. G. Hirschings Beschreib. sehenswürdiger Bibliotheken Deutschlands, II B. I. Abtheil. Erlangen, 1787. gr. 8. S. 197—218.

Antonii de Butrio folemnis repetitio capituli Veftra — *Bononiae impreſſum per me Vgonem Rugerium.* Regienfem 1474. fol. maj.

1475.

Auguftinus de ciuitate dei — — *confectus Venetiis ab egregio et diligenti magiſtro. Nicolao Jenſon.* 1475. fol. min.

Eiusd. liber, qui uocatur quinquaginta. *Impreſſus — per Anthonium Sorg in Augusta.* fol. min. *Editio prima.*

Cato moraliffimus. 1475. fol.

1476.

S. Ambrofii expofitio in corpus Euangelii Sancti Luce Evangelifte; *per Anthonium Sorg incolam opidi Auguſtenſis.* fol.

1477.

Biblia latina. Nürnb. per Ant. Koburger. fol. max.

Bartholomei de Chaimis Interrogatorium fiue confeffionale. — *per Fridericum Creuſsner ciuem Nurmbergen.* 1477. fol. Vid. 1480.

Biblia germanica ufque ad Pfalterium inclufiue. Augfp. 1477. fol. maj. Vid. *Panzer* von den erften Augsburgifchen Bibelausgaben. p. 19.

Aurea Bulla. Norimb. 1477. per Anthon. Coburger. fol. min. Vid. a. 1474.

1478.

Leon. Aretini Comedia Polifcene. fol.

Biblia lat. 1483, fine loci mentione. fol. min. Vid. Lork Bibelgeschichte, P. II, p. 201 seq.

Compendium de uita antecristi incipit feliciter. — 1478. 4.

Guil. Durandi Repertorium Iuris; — — *Actum Patauij — — ex officina magistri Ioannis Silgenstat undecimas calendas decembres.* 1478. fol. mai.

1479.

Guil. Durandi Speculum iuris. Patauii 1479. fol. mai.

Augustini de ciuitate dei contra paganos. *Basilee,* 1479. — — *ingenio et industria Michahelis Wenszler,* 1479. *VIII. Kl. aprilis operose est consummatum.* fol. max.

Causidici Albertani Brixiensis liber de doctrina dicendi et tacendi. — *Nurnberge — per fratres ordinis heremitarum diuini doctoris Augustini.* 1479. 4. Vid. 1492.

Clementis V constitutiones uulgo Clementine; — — impendio Iohannis de *Colonia Iohannisque mathen de gheretzen Sociorum Venetiis impressum.* 1479. fol. mai. Vid. a. 1483.

1480.

Petri Brixiensis Repertorium utriusque iuris; — — *Impressum Patauij per Ioannem Herbort de Silgenstat.* — 1480. *die XVI Nouembris. Debebunt Herbort grandis tibi iura Ioannes.* etc.

Guil. Durandi Rationale diuinorum officiorum — — *Nurnberge ap. Ant. Koburger* 1480. fol.

Bartho-

Bartholomei de Chaimis Interrogatorium siue Confessionale — 1480. fol. Vid. 1477. et 1482.

Bernardini de Bustis Rosarium Sermonum predicabilium — *Impressum* — *per industrium Henricum Gran in Imperiali oppido Hagenaw.* 1480. Partes II. fol. *Edit. prima.* Vid. a. 1498.

Breuiarium Carmelitarum. 1480. 4. Vid. 1487.

1481.

Aegidii de Roma Quodlibeta; *per Magistrum dominicum de Capis Bononie impressa.* Anno Dñi 1481. die XXII Maii. fol.

Dormi secure Sermones dominicales. 1481. fol. min.

Alberti de Padua solemne opus expositionis Euangeliorum etc. *Vlme per Iohannem Zainer Anno domini* 1481. *circa festum S. Viti.* fol.

Ioannis Andree tr. super arboribus consanguinitatis etc. 1481. *Nurmberge per Fridericum Creussner.* fol.

1482.

Alexandri de Ales summa. Norimb. ap. Ant. Koburger. *Anno salutis Christianismi* 1482. *23 augusti consummata est.* fol. mai 4 Vol.

Armandi scriptum super libellum de ente et essentia compositum per sanctum Thomam de Aquino doctorem angelicum; —— *per magistrum Matheum Cerdonis de* Vuindischgretz impressus Padue Anno dñi 1482. fol.

Azonis Summa in Codicem et inftitutiones. 1482. *per me Petrum Drach ciuem Spirenfem.* fol. mai.

Barthol. de Chaimis Interrogatorium — — 1482. 4. Vid. 1477. et 1480.

1483.

Ioannis Andree etc. wie 1481. per Frid. Creuffner. fol.

Aeneae Syluii rerum familiarium epiftole peramene; *per me Ioannem de weftfalia in alma uniuerfitate Louanienfi commorante.* 1483. fol.

Barthol. de Saliceto Lectura fuper toto Codice. Venet. 1483. fol.

Biblia germanica. Norimb. 1483. ap. Koburg. c. icon. ligneis. fol. maj.

Boetius de confolat. philofophie; Nürnberge per Ant. Koburger. 1483. fol. Vid. 1490.

Clementis Pape V Conftitutiones una cum apparatu domini ioannis andree. — *Venetiis per Bartholomeum de Alexandria Andreamque de Afcula fociorum.* 1483. fol. mai. Vid. a. 1479.

1484.

S. Auguftini opufcula plurima. Venetiis, 1484. 4.

Dini Lectura fuper tit. de regulis iuris Lib. VI. — — *Impreffum Venetiis per Andream Papien. Anno falutis 1484. die X Iunii fub inclito principe Ioanne Mocenigo.* 4.

1485.

S. Bonauenturae Sermones de tempore et Sanctis, 1485. fol. min. Vid. 1496.

Alphon-

Alphonſi de Spina fortalicium fidei 1485. *vj Idus Octobris Indictione iij.*

Bartholomei anglici liber de proprietatibus rerum — *Argentine* 1485. *finitus in die Sancti Valentini.* fol.

1485.

Alberti M. compendium theologice ueritatis. *Venetiis per Gabrielem groſſis de Papia.* 1485. *die* 14 *Iunii.* 4.

1486.

Alexandri M. Hiſtoria. *Impreſſa Argentinae. A. D.* 1486. *finita in die S. Calixti Papae et Martyris.* fol.

S. Antonini Archiep. florentini Summa. 4 Vol. *opera Ant. Koberger, Norimb.* 1486. fol. Panzer Annal. typogr. Vol. II. p. 202.

Cato moraliſſimus cum elegantiſſimo commento; — — *Impreſſum Baſilee decima quarta die Iunii* 1486. 4.

Chryſoſtomi Homelie ſuper Iohannem; — —, *Colonie apud Sanctum Laurentium impreſſe et diligenter correcte. Anno dñi* 1486. fol.

Petri Comeſtoris ſcholaſtica hiſtoria ſacre ſcripture ſeriem — — exponentis; — — *Impr. Baſilee. Anno dñi* 1486 *Finita poſt feſtum Katberine.* fol. min.

Guil. Durandi Rationale diuinorum officiorum, Argent. 1486. fol. Vid. 1473.

1487.

Breuiarium Carmelitarum. 4 min. Vid. 1480.

1488.

1488.

Aesopus moralizatus. 1489. *Decimo Kalendas Aprilis.* 4.

Angeli de Clauasio Summa de casibus conscientie — *Nurenberge impressa per Anthonium Koberger 1488. V Kal Septembris.* fol.

S. Antonini Archiep Confessionale. *Argentine, per Martinum Flach.* 4.

Composita uerborum. — — *in Liptz 1488 feria quinta post margaretha.* 4.

1489.

Alexandri de Neuo contra Iudeos fenerantes Consilia. *Venetiis cura atque diligentia Leonardi vuild de Ratisbona.* 1489. 4.

Angeli de Clauasio etc. *Argentinae per Martinum Flach. 1489. in uigilia omnium Sanctorum.*

Barth. Brixiensis Casus Decretorum. fol. min.

Augustini opuscula plurima. — — *impensis et opera Martini Flach Argentinae.* 1489. *XIII. Kalendas Apriles.* fol.

Dormi secure Sermones de Sanctis. *Basilee* 1489. 4.

1490.

Boetius de consolatione philosophie; — — *Lugduni per Iohannem de ponto, Anno dñi* 1490 *die xxij Aprilis.* 4 mai. Vid. 1483 et 1493.

Stefani Brulefer reportata clarissima in quatuor Sancti Bonauenture doctoris Seraphici Sententiarum libros — — *Impress. per magistrum*

strum Iacobum de Pforzenheim Ciuem Basiliensem. 1490. 4.

Barthol. Cepolle Cautele iuris utilissime etc. 1490. 4.

1491.

S. Anselmi Cantuariorum Archipraesulis opera. *Anno Christi* 1491. *die uero uicesima septima martij Nuremberge per Caspar Hochfeder — impressa.* fol. min.

Bartholomei anglici liber de proprietatibus rerum. Argentor. fol. min.

Cassiodori expositio in Psalterium. Basil. per Ioh. de Amerbach. fol.

1492.

S. Antonini Archiep. Confessionale. *Argentine ap. Martin Flach.* 4.

Aristotelis libri politicor. cum comment. Mag. Ioh. Versoris. Colon. ap. Henr. Quentel. fol.

Causidici Albertini tractatus de doctrina loquendi et tacendi. 1492. 4. Vid. a. 1479.

1493.

Guil. Durandi Rationale diuinorum officiorum. Argent. 1493. fol.

Dormi secure Sermones de Sanctis per totum annum. *Argentine* 1493. fol. min.

Aristotelis libri octo Phisicorum. *Coloniae per Henricum Quentel.* 1493. fol.

Boetius de consolat. philosophic. *Colonie, per Henr. Quentel.* Vid. a. 1483.

Bernardus de contemptu mundi etc. — *Impreſſum Lyptzck per Arnoldum de Colonia* 1493. *Pridie nonas Octobris.* fol.

S. Bernhardini Sermones de feſtiuitatibus uirginis glorioſae per annum — *Impr. Nurmberge cura et impenſis prouidi uiri Friderici Kreuſner.* 1493. 4.

1494.

Dormi ſecure Sermones dominicales. Argent. 1494. fol. min.

Ariſtotelis Libri Ethicorum, cum commento. Norimb. *per Ant. Koburger.* fol.

Iohannis Verſoris. — — *Impreſſ. Coloniae per Henricum Quentel.* fol.

Eiusd. Libri de anima. ibid. fol.

Bernardi opus Epiſtolarum. *Baſil.* 1494. *die uero prima Decembris.* fol.

Balthaſaris de Lipſia Concluſiones etc. 1494. 4.

Nic. Dorbelli Curſus librorum philoſophie naturalis ſecundum uiam doctoris ſubtilis Scoti — Baſil. per Michaelem Furter. 1494. 4.

1495.

Beati Bernardi Melliflui opus Sermonum Baſil. per Nicolaum Kesler. 1495. fol.

Boetius de diſciplina Scholarum cum commento notabili. *Impreſſus Argentine,* 1495. 4.

Dyoniſii Carthuſ. ſpecula omnis ſtatus humane uite. — — *Impenſis Petri Wagner Nürenberge effigiatum* — 1495 *feria quarta poſt conuerſion. Sancti Pauli.* 4.

1496.

1496.

S. Bonauenturae Sermones. — *in imperiali ciuitate Agenaw finiuimus A. D. 1496. quinto Idus Ianuarii.* 4.

S. Antonini Archiep. Confeſſionale. *Argentine ap. Mart. Flach.* 4.

Auctoritates Ariſtotelis Scnece Boetii Platonis etc. — *Impreſſum Spire per Conradum hiſt. 1496. Laus Deo.* 4.

Guil. Durandi aureum Repertorium, — — *Impreſſum Venetiis per Paganinum de Paganinis Brixienſem.* 1496. fol. min.

Bernardini de Buſtis de ſingulis feſtiuitatibus beate uirginis per modum Sermonum. *Argentine per Martinum Flach inib. conciuem, 1496. menſis uero Iulii die uiceſimo ſexto.* fol.

1497.

Ariſtotelis Metherologorum etc. cum commento Ioh. Verſoris. Colon. ap. *Henr. Quentel.* fol.

Hieron. Baldung Aphoriſmi compunctionis. — — *per magiſtrum Iohannem Grüninger ciuis Argentin. 1497. octauo denique yduum Ianuarii.* 4.

Lupoldi de Bebenberg Germanorum Principum Zelus et feruor in chriſtianam religionem; — *opera et impenſis domini Iohannis Bergmann de Olpe — Baſileae impreſſus.* 1497. fol.

Biblia lat. cum Concordantiis ueteris et noui testamenti. —— *Argentine impreſſum Anno dñi.* 1497 *Sexto uero Kalendas Maij.* fol. absque nomine typographi.

1498.

Bernardini de Buſtis Roſarium Sermonum predicabilium *etc. Venetiis per Georgium de Arriuabenis.* 1498. Partes II. 4. *Editio ſecunda.* Vid. a. 1480.

Dormi ſecure Sermones de Tempore; —— *Nuremberge per Anthon. Koburger.* 1498. fol. min.

St. Gertrauds Kirche.

Die vom Biſchoffe Otto 1136 erbaute St. Gertrauds Kirche iſt 1732 von neuem, ſo wie ſie jetzt iſt, hergeſtellet worden. Die Kuppel iſt von Boſe gemalet, das Jeſus-Maria-Joſeph Altarblatt iſt von Sebaſtian Reinhard, das St. Otto-altarblatt von Sebaſtian Urlaub.

In der St. Matern Kapelle iſt ein altes alabaſternes Altärchen, das die heil. drey Könige zeiget. Unten ſieht man des Fürſtbiſchoffs Zobels adeliche Probahnen gemalt. Es iſt dieſes Altärchen, ſamt dem fürſtlichen Stuhle aus der alten Hofkapelle hieher verſetzt worden. Das Altarblatt iſt mit der Jahrzahl 1665 und den Buchſtaben N: K: bezeichnet. Man ſagt, daß dieſe Kapelle ſchon den Grafen von Babenberg zur Andacht gedienet habe.

VIII.

VIII.
Weltliche Gebäude.

Das fürstbischöfliche Residenzschloß an und auf dem Petersberge.

Es ward 1702 unter dem Kurfürsten und Bischoffe Lothar Franz, erbauet. An den Decken der Speisesäle, der Audienz und Wohnzimmer sieht man viele Malereyen. Die prächtige Aussicht, die man von den meisten Zimmern nach angenehmen Gegenden hat, ist ein Vorzug dieses Schloßes vor vielen andern. Die Hofkapelle wurde 1731 von Friedrich Karl aus dem gräflichen Geschlechte von Schönborn eingeweihet. Johann Joseph Scheubel hat sie mit Malereyen gezieret.

Durch den fürstlichen Hofgarten des Lustschlosses, der Geyerswerth genannt, welches Bischof Ernst von Mengersdorf († 1591) erbaute, ist 1690, unter der Direction des Bildhauers van der Wreck aus Mecheln, der von Rom hieher kam, ein Canal aus der Rednitz geleitet worden.

Die Universität.

Sie wurde vom Fürstbischoffe Melchior Otto 1648 gestiftet, und den Jesuiten übergeben.

Das Bildniß dieses vortreflichen Herrn hat Paul Troschel in 4 sauber gestochen, das ihm sehr ähnlich ist, wie man aus dem schönen Thaler von 1649 sieht. In Ludewigs Scriptor. Bamberg. Vol. I, p. 1040 ist sein Portrait in Fol. welches keine Aehnlichkeit hat. Ich habe noch ein kleines in 8, das aber auch dem Troschelischen gar nicht beykommt.

Die Univerſität.

Der erſte Stifter des Bambergiſchen Jeſuiter-Collegium war Gottfried von Aſchhauſen; er fundirte das Gymnaſium für die untern Schulen. (Grammatik und Rhetorik.)

Melch. Voit a Salzburg, Epiſc. Bamberg. erectae Academiae ergo gratulatione mactatus a Collegio Bamberg. S. I. ib. 1648 fol.

Panegyricus Academiae nouae Bambergenſis Reu. et Illuſtr. Principi ac Domino D. Melchiori Ottoni Imp. Eccleſ. Bamberg Epiſcopo, S. R. I. Principi, Fundatori munificentiſſimo a Collegio academico Societatis Ieſu — oblatus. Bambergae, 1649. 4.

Henr. Marcelli oratio funebris de Melchiore epiſcopo Bambergenſi. Bambergae, 1653. 4.

P. Wolfg. Hermann Frank S. I. Trauerrede bey dem Abſterben des Fürſtbiſchoffs Melchior Otto. ib. eod. 4.

Catalogus Praelectionum, quae in Vniuerſitate Bambergenſi a 26 Oct. 1796 uſque ad 30 Sept. 1797 inſtituuntur. Typis Ioh. Ge. Klietſch, Almae Vniu. Typographi. 4 mai.

Die Univerſitätsbibliothek ſteht in einem prächtigen Bücherſaale, durch Vorſorge des verewigten Fürſtbiſchofs, Franz Ludwigs. Sie beſteht vorzüglich aus der ehemaligen Jeſuiten-Bibliothek. Sie hat außer einer Sammlung von Diſputationen, einige große hiſtoriſche Werke, viele Kirchenväter, auch ein paar ſineſiſche Seltenheiten.

Tſen

Die Univerſität. 175

Tjen vén tā tſching, Cœli Scientiæ magnum opus, ſ. *Almageſtum.* Es beſtehet aus 12 Bändchen, oder Heften, in einem Umſchlage, (involucro.) Der Verfaſſer hieß Hoang lo gān. Es iſt noch nach der alten Art abgefaſſet, ehe die Jeſuiten nach Sina kamen, und verbindet die Aſtronomie mit der Aſtrologie.

Das andere Buch beſtehet aus zehn Heften, und ich vermuthe, es heiße Tſong tſching lie ſchu, Tš *Tſong Tſching* Curſus dierum, ſeu Kalendarii Liber. Es handelt auch von andern Theilen der Mathematik, nnd iſt von den Jeſuiten aus dem Euklides, andern griechiſchen Mathematikern, und aus dem *Clavius* ꝛc. verfaſſet worden. Der Kaiſer Tſong tſching, der ſonſt Hoai tſong heißt, ſtarb 1648. Dieſes Werk iſt auch in der königlichen Bücherſammlung in Paris. S. Fourmont Gramm. Sin. p. 492. Herr Nicolai, ſchreibt im I Th. ſeiner Reiſebeſchreibung eine gedoppelte Unwahrheit, 1) daß ich den Verfaſſer des erſtern Buches nicht habe anzeigen können, da es doch ſchon damals, als ich in Bamberg war, 1775 im zweyten Theile meines Journals zur allgem. Litteratur, a. d. 352ſten Seite geſchehen iſt. 2) Daß ich mich allenthalben als einen großen Jeſuiterpatron, und als einen großen Kenner der ſineſiſchen Sprache ankündige. Aber wo? Ich lobe allemal das, was an den Jeſuiten zu loben iſt, und was

was das Sinesische anlangt, so glaube ich, daß ich noch ein Anfänger bin.

Der dienstfertige Bibliothekar, Herr Grundel, ein Exjesuit, zeigte mir 1775 unter andern ein nettgeschriebenes Foliobändchen aus dem XIII Jahrhunderte. Es enthält chirurgische aus dem Albucasis (Abul Kasem) und andern Arabern übersetzte Abhandlungen. Auf Pergament.

Psalterium lat. In membrana. Saec. XII. In Duodez.

Der sel. P Reuß hatte aus Rom verschiedene Alterthümer, auch eine Sammlung alter Münzen, hieher verehret. Es ist auch ein eigenes Naturalien-Museum angelegt. Der Hochsel. vortrefliche Franz Ludwig hat 1792 die schöne Naturaliensammlung des Herrn Canonicus Laudensack um den mäßigen Preiß von 3000 fl. dazu gekauft. Die Konchylliensammlung, welche ich 1790 sah, ist nach Martini geordnet. Die Korallensammlung und die Petrefacten sind sehr beträchtlich.

Die Universität hat in allen Facultäten geschickte Lehrer. Fürst Friedrich Karl, aus dem reichsgräflichen Hause von Schönborn, gründete die Juristenfacultät, und stiftete 1735 eine öffentliche ordentliche Professur des deutschen Staatsrechts. Bamberg war also die erste Universität in Deutschland, die eine solche eigene Lehrstelle hatte, wie Herr Schneidawind, S. 227 sagt Der erste Staatsrechtslehrer war D. Alexander Hammer, der von Würzburg hieher berufen wurde.

Die

Die Ingenieur- und Zeichnungsakademie, im Saale des sogenannten Hochzeithauses.

Herr Leopold Westen, (geb. zu Bamberg, 1750) Genie-Major unter dem Bambergischen Artilleriecorps, ein vortreflicher Mann, errichtete sie.*) Es wird darinn Anweisung im Copiiren und im Zeichnen von Landschaften nach der Natur gegeben. Dann erst folgt eine Einleitung in die Elemente der Mathematik, welche Methode Herr Westen mit Recht für die zweckmäßigste hält. Auf diese folgt das Ingenieur-Copieren, die praktische Feldmeßkunst, die bürgerliche Baukunst ꝛc. Für militärische Zöglinge schließt sich an die Geometrie die Anleitung zur Fortification, und die Geschützkunde; diese letztere nach dem Obristlieutenant Kochischen Artilleriehandbuche. Diese Akademie ist der Universität einverleibt, und sie wurde am 15 Dec. 1794 feyerlich eröffnet. Die Unterrichtsstunden sind täglich von halb 10 Vormittags bis 12 Uhr. Monatlich bezahlt man 2 Thaler.

Es ist diese eine der nützlichsten neuen Lehranstalten Bambergs, welche den Namen ihres Stifters verewigen wird. Professionisten von allen Gattungen können diese Akademie besuchen. Eine gute

---

*) Er schenkte auch diesem nützlichen Institut eine ansehnliche Sammlung von Zeichnungen und eine Anzahl nöthiger Bücher. Intelligenzblatt der allgem. Litteratur-Zeitung. 1797. N. 21. col. 180.

gute Nachricht davon liest man im vorjährigen (1798) Bambergischen Stadt- und Landkalender.

Das Rathhaus,

am Ende der obern Brücke, ist von Johann Anwander mit guten Frescomalereyen versehen. Ueber der Sessionsthüre steht auf blauem Grunde mit alten Buchstaben:

Eins mans red ein halbe red,
Man soll sie verhören bed.*)

Oberhalb dieser Schrift sind lateinische Carmina auf Marmor geätzt, mit vielen Zügen 1563 von Sixt Löbleln, einem berühmten Schönschreiber von Landshut, der sie hieher verehrte.

Hier wird auch der Freyheitsbrief K. Friedrichs des Rothbarts aufbewahret, in welchem den Bamberger Bürgern die Zollfreyheit zu Frankfurt am Mayn, währender Messe daselbst, ertheilet ist.

Das Marianische Hospitium.**)

Nach aufgehobenem Jesuitercollegium, ist es wie eine Zugehörung der Universität zu betrachten. Der jetzige würdige Vorsteher dieses marianischen Studentenhauses ist Herr Professor D. Johann Joseph Batz. Vier aufgestellte Hauslehrer ertheilen 20 armen Studirenden Unterricht. Diese haben sämtlich freye Wohnung, Kost, Holz, Licht, Bet-

---

*) Diese Inschrift steht auch über dem Eingange zur Rathsstube in Nürnberg.

**) Schneidawind, l. S. 197.

Betten ꝛc. Dieses Institut wurde am 4 Nov. 1755 eröffnet, und sein erster Fond, der sich jetzt auf 10000 Gulden beläuft, waren Beyträge der Jesuiten, und eine durch das ganze Land angestellte Collecte.

Das Schullehrerseminarium,

in welchem die Schulkandidaten in den ihnen nöthigen Kenntnissen unentgeltlich unterrichtet werden, wenn sie zuvor von einem wirklichen Schullehrer drey Jahre lang den Elementarunterricht genossen haben. Sie haben im Seminar freye Wohnung, Holz, Licht, und fünf derselben haben auch freye Kost. Der gesamte Unterricht dauert zehn Monate. Dieses Institut steht unter der Oberaufsicht der Schulcommission, und genießt die Vorzüge einer milden Stiftung. Der Fond desselben reicht an 36000 Gulden.

Das Auffeeßische Seminarium.*)

Wenn die Zöglinge, deren Anzahl 36 ist, die Philosophie absolvirt haben, werden sie entlassen, und stehet es bey ihnen, sich dem geistlichen oder weltlichen Stande zu widmen. Dieses Seminarium entstand durch ein am 15ten Februar 1738 unterzeichnetes Vermächtniß Jobst Bernhards von Auffees zu Mengersdorf, Domkapitular zu Bamberg und Wirzburg, von 300000 Gulden fränkisch. Das Haus wurde 1741 bezogen. Es werden auch, außer den Alumnen, Kostgänger aufgenommen.

*) Schneidawind, I, 195.

Das neue Krankenhaus.

Herr Geistl. Rath Fraas ist jetzt Regent dieses Seminars. Präsident ist Herr A. F. K. J. M. Freyherr von Aufsees.

Das neue Krankenhaus auf dem obern Sand, wozu 1786 der Platz vom Herrn Grafen von Stadion für 8000 fl. aus der Privatkasse des Fürsten gekauft worden, gereichet zum ewigen Ruhme des verewigten vortreflichen Fürstbischoffs, Franz Ludwig, (aus der Familie der Freyherren von und zu Erthal). Er legte im May 1787 den ersten Grundstein, im Beysenn des ganzen Hofstaats, und der Bürgerschaft unter Gewehr. Der Herr geistliche Rath und Pfarrverweser Andreas Augustin Schellenberger, sang dabey mit dem gesammten Bambergischen Clero die in den Agenden vorgeschriebenen Psalmen und Gebete. Der Fürst legte die Schrifttafeln in einem Kistchen in den Grundstein hinein, und mauerte den ersten Stein selbst darauf. Alsdann wurde diese Feyerlichkeit mit dem ambrosianischen Lobgesange beschlossen. Der Bau ward im J. 1789 glücklich vollendet, so daß am eilften November gedachten Jahres schon die feyerliche Einweihung und Aufnahme der Kranken erfolgte, wobey Herr Hofrath Adalbert Friedrich Markus als erster dirigirender Arzt, eine schöne Rede hielt.*)

Ober-

---

*) Von den Vortheilen der Krankenhäuser für den Staat. Mit XIII. Beylagen, Bamberg und Wirzburg, 1790. gr. 8.

Oberbaudirector war Herr Obermarschall und Ritterhauptmann, Freyherr von Staufenberg. Baumeister waren Herr Fink und Herr Geigel aus Wirzburg.

Der erhabene Stifter schoß zu den sämtlichen Kosten von 60000 Gulden fränkisch, aus seinen Privatgeldern den dritten Theil, und jährlich noch über dieses drey bis viertausend Gulden, bey. Die Schwester des Verklärten, Fräulein Sophia von Erthal, vermachte diesem allgemeinen Krankenhause 1796 zehntausend Gulden.

Die Schönheit des Gebäudes harmonirt vollkommen mit der schönen Lage und Aussicht. Es können 120 Kranke gegen Morgen den großen herrlichen Garten, gegen Mittag die Stadt mit ihren fetten Fluren, gegen Abend die Rednitz, wo sie sich schwesterlich mit dem Mayn vereinigt, und gegen Mitternacht die herrliche Prälatur Michaelsberg übersehen. Ueber dem Eingange liest man auf einer Marmortafel:

KRANKENSPITAL DER NAECHSTEN-LIEBE GEWIDMET IM IAHRE MDCCLXXXVII.

Die innere trefliche Einrichtung findet man in der kurzen Beschreibung des allgemeinen Krankenhauses zu Bamberg. Von Dr. Adalbert Friedrich Marcus. Mit 4 Kupfertafeln. Weimar, 1797. gr. 8.

Der Altar in der Kapelle zeuget vom Fleiße des Hofwachsbossierers, Herrn Michael Trautmanns.

Das Waisenhaus

an der Kaulbergerstraſſe, ist unter der Regierung Philipps Valentins (Voit von Rineck) 1671 von neuem erbauet worden. Es werden hier 26 arme älternlose Knaben im Christenthume und guten Sitten unterrichtet, bis sie zu einem Handwerke tauglich sind. Alsdann werden sie in ihren Lehrjahren mit allen Nothwendigkeiten, bis zur Auslernung versehen. Das Altarblatt in der Kapelle ist von Sebastian Reinhard.

Jetztlebende Bambergische Künstler.*)

Herr Johann Joseph Scheubel, (so wird er besser geschrieben, als Scheibel) Hofmaler, ein bescheidener Mann, studirte in Italien, und zeigt viele Einsicht. Er war ein würdiger Eleve des berühmten Georg Desmarées.

Herr Johann Joseph Christoph Treu, geb. 1739, Hofmaler, und Director der Reichsgräfl. Schönbornischen Gallerie zu Pommersfelden, ist ein wackerer, dienstfertiger Mann. Er hat den Titel als kurkölnischer Hofmaler, und wohnt im Sickingischen Hofe. Er malt Landschaften in Dieterici's Manier.

Frau Agnes Rosalie Dorn, seine Schwester, geb. 1740, malt gute Portraite. Eine ihrer besten Arbeiten ist im Gräfl. Rotenhahnischen Hofe zu Bamberg aufbewahret. Es ist das Bildniß des verdienten Oberhofmeisters von Rotenhahn.

Ihr Ehegatte, Herr Joseph Dorn, (geb. 1760.) von treflichen Kunsttalenten, besuchte die Gallerien zu München, Wien, Mannheim und Düssel-

---

*) Herr Hof - und Kammerfourier Johann Philipp Anton Zink hat in dem Bambergischen Kalender 1797 einige Nachrichten von Bambergischen Künstlern, Manufakturanten, und Professionisten geliefert.

Düsseldorf. Er malt im Geschmacke Gerards Dow, van der Werff, und van Mieris. s. Schneidawind, S 218 u. f. Man hält seine Copien oft für Originale. Seine Köpfe in der Manier Caspar Denners machen ihm viele Ehre. Ich sah im J. 1790 diesem schätzbaren Künstler mit Vergnügen zu. Er erfand im Jun. 1794 in Gesellschaft seines ältern Bruders, des jetzigen Herrn Archivsregistrators Caspar Dorn, die verloren gegangene Kunst wieder, Gold auf Pergament aufzulegen, welches das Glätten und die Farben aushält, wie in den Anfangsbuchstaben der alten Handschriften. Monfaucon führt in seiner griechischen Paläographie S 5 einige Stellen aus einer Handschrift der königl. Bibliothek in Paris (num. 3178) vom J C. 1478 an, welche περι χρυσογραμμιας und περι του ποιησαι χρυσα κεφαλαια εν βιβλιοις, oder, von der Kunst, mit goldenen Buchstaben zu Anfange der Kapitel zu schreiben, handelt Im dreyzehnten Theile meines Journals zur Kunstgeschichte und Litteratur, habe ich S. 119 u. f. eine bisher unbekannte Handschrift bekannt gemacht. Es ist dieses P. Paul Sachsels, eines Karthäusers, Tractat von der Malerey der Anfangsbuchstaben zu Büchern, den mir der sel. P Franz Krismer 1775 aus der Bibliothek zu Burheim communicirte, und vermuthete, daß Sachsel schon vor 1450 ihn schrieb. In der vom sel. Herrn Lessing herausgegebenen Schedula diuersorum artium des Theophilus Presbyter, handelt

handelt Cap. 32, 33, de coquendo auro; cap. 34, 35, 36, de molendo auro; cap. 37, de inuiuandis et deaurandis auriculis; cap. 38, de polienda deauratura; cap. 39, de colorando auro. Molere aurum heißt das Gold amalgamiren, und man vergoldete damals, wie Herr Leiste im Vorberichte anmerkt, nicht durch Hülfe des Scheidewassers, sondern blos mit Quecksilber.

Herr Geniemaior Westen (s. oben S. 177) zeichnet in seinem Geschmacke gothische Ruinen, malt auch in Oel Naturereignisse, Schnee-Stücke, Stürme, Ungewitter. Die Manier ist vortreflich. Die obigen Zeichnungen machen über hundert Stücke aus, und formiren mit den Gemälden ein herrliches Cabinet. s. im fränkischen Merkur, 1794 St. 49, des Herzogl. Sachsenkoburgisch. Hofadvocaten Fischers Reisebemerkungen über Maynz, Frankfurt, Wirzburg und Bamberg.

Herr Johann Wilhelm Wurzer, Bildhauer, lernte bey seinem noch lebenden Vater, und die Lehrstunden des braven Herrn Westens brachten sein Kunstgenie vollends zur Reife. Er arbeitet in Holz, Stein, Alabaster, auch Portraite, so wie der ältere Hofbildhauer Herr Bernhard Ramm.

Die Bildhauer Schall und Hofmann sind geschickte Arbeiter.

Herr Martin Mutschele, ein Bruder des 1776 in St. Petersburg verstorbenen Hofbildhauers Bonaventura Joseph Mutschele, ist jetzt Domkapitelischer Bildhauer.

Herr Michael Trautmann, seit 1778 Hofwachsbossierer, lernte Zeichnen und Farbenmischung bey dem Herrn Hof- und Cabinetsmaler Scheubel. Fürst Adam Friedrich ließ ihn nach Wien und Stuttgard reisen. Blumen gerathen ihm zum Täuschen. Von der Kunst seines Meisels zeugen sowohl die Hauptfiguren an dem Brunnen auf dem Domplatze, als auch der Altar in der Kapelle des allgemeinen Krankenhauses.

Der dasige Hausverwalter, Peter Maser, ehemals Layenbruder bey den Jesuiten, hernach Zimmerwart im Lustschlosse Seehof, zeigte sein mechanisches Talent an einem Wagen, darinn man sich auf einer Ebene selbst fahren kann, wie ehemals unser Stephan Farster verfertigte. Vormals überzog er von Thon geformte Statuen mit einer Bedeckung von den kleinsten Muscheln und Schnecken. Die Gesichter waren nach der Natur gemalt. Alles zeugt von eisernem Fleiße. Er ließ in Frankfurt am Mayn seine Figuren öffentlich mit großem Beyfalle sehen. Nicolai's Reisebeschreibung, I Th. S. 124. Schneidawind, S. 226.

Von guten Tonkünstlern sind mir folgende bekannt:

Herr

Herr Aloysius Fracassini, Musikdirector und erster Violinist an der Hofkapelle.

Herr Adam Uhlmann, ein starker Violinist, setzt auch für dieses Instrument, und macht seinem Lehrer, dem 1796 verstorbenen Virtuosen Bäuml viele Ehre.

Herr Georg Jauzer ist ein vortreflicher Hautboist.

Herr Anton Beykofer componirt für sein Instrument, den Fagot, den er meisterhaft bläßt.

Herr Anton Hemmerlein, ein sehr guter Violoncellist.

Georg Ludwig Krämer, ein Würtenberger, und guter Orgelmacher, verbesserte, als er noch in Nürnberg war, an den Orgeln, daß die Ventile nicht innerhalb der Windlade, sondern auf dieser liegen. s. Litteratur des katholischen Deutschlands, 1 Band, S. 597.

Privatsammlungen.

Herr Stiftsdechant Caramé zu St. Stephan hat eine vortrefliche Kupferstichsammlung, die ich 1790 mit viel Vergnügen besah.

Auch Herr G. R. und Oberamtmann von Schrottenberg, und Herr Staatsconferenzactuar Eder.

Die größte Gemäldesammlung hat Herr Domicellar Franz Horneck von Weinheim.

Ferner:

Privatsammlungen.

Ferner: Herr Dompropst von Schaumberg, Herr Domcapitular von Guttenberg, und Herr Hofkriegsrath Weber in der langen Gasse. Kleinere Sammlungen haben Herr Oberstwachtmeister Heffner von Adlersthal, und Herr Capitular Laubensack.

Naturalien und vorzüglich Conchyliensammlungen sind zu sehen bey Herrn Capitular zu St. Stephan, Hugo Eberhard Zehender, und Herrn Capitular zu St. Jakob, Johann Albericus Joseph Mulzer.

Herr Canonicus Laubensack und Herr Hermann, ein sehr geschickter Goldarbeiter, haben artige Insectensammlungen.

Anhang.

Anhang.

I.

Von der Rednitz, und von den Flüſſen und Bächen, die ſich in dieſelbe ergießen. Ein Beytrag zur Hydrographie des Fränkiſchen Kreiſes.*) Von Meuſel und Schneidawind.

1.

Von den beyden Quellen der Rednitz.

Die Rednitz entſpringt aus zwey Quellen, welche dreyzehn Stunden weit von einander entfernt ſind. Die eine wird die Fränkiſche, die andere die Schwäbiſche Rezat genennt. Erſt nach geſchehener Vereinigung dieſer beyden Flüßchen bekommt der daraus entſtandene Fluß den Namen Rednitz.

2.

Von der Fränkiſchen Rezat.

Die Fränkiſche oder untere Rezat entſpringt aus dem ſogenannten Rezen- oder Rezatbrunnen, unweit Marktbergel im Bayreuthiſchen Unterlande. Sie tritt ihren Lauf an über Ober- nach Mittelbachſtetten, nimmt ſowohl hier, als bey Dörflein, verſchiedene kleine Bäche

---

*) Aus dem Journal von und für Franken IV Bandes IV Heft S. 393 u. f. V. B. S. 503 u. f. und aus Herrn Schneidawinds Verſuche einer ſtatiſtiſchen Beſchreibung des kaiſerl. Hochſtifts Bamberg. I. Abth:ilung, S. 76. u. f.

Bäche dieſſeits und jenſeits auf, ſo auch zwiſchen Bohrsbach und Oberheßbach; dann ein anderes Waſſer, das zur Rechten von Oberſulzbach und Gräfenbuch und Hohenalb herab kommt; und wieder ein anderes, das über Flachslanden und verſchiedene Mühlen herabfließt. Sie ſtreicht ferner bey Unterheßbach vorbey, nimmt ein über Birkenfels her rieſelndes Bächlein auf, und flieſſet dann weiter nach Lehrberg. Dort verſchlingt ſie ein über Heslabronn, und etwas weiter hin ein von Kiendorf herflieſſendes Wäſſerchen. Sie treibt auf dieſem Lauf viele Mühlen, und ſetzt ihn fort nach Schmalnbach, Waſſerzell und dortige Mühle, hart an Neuſes, dann nahe an der ehemahligen Ansbachiſchen Porzellanfabrik, die im Jahr 1764 nach Bruckberg verlegt wurde. Nicht weit davon nimmt ſie ein von Eglofswinden und Hennenbach herkommendes Bächlein auf, welches die Galgenmühle und die bey der ehemaligen Porzellanfabrik befindliche Stampfmühle treibt. Dann fließt ſie bey Ansbach vorbey. Unterhalb des fürſtlichen Schloſſes vermiſcht ſie ſich mit dem Holzbache. Dieſer entſpringt aus dem Gumbrechtsbrunnen, der in dem, zum Weiler Hinterholz gehörigen Gemeinholze auf einer Anhöhe, dicht am Fußſteige, befindlich iſt. Die Quelle iſt ſehr hell und ſtark. Aus dieſem Gumbrechtsbrunnen rieſelt der Holzbach herunter nach Neudorf; nimmt ferner einen von Lengefeld und der Hohenmühl herrinnenden Bach zu ſich, und eilt darauf nach Schallhauſen. Dort iſt der Bach von ſeinem Bette ab, und in einen Kanal geleitet worden, der nun unter dem Namen des Altbaches an der Höhe fort nach der Reſidenzſtadt Ansbach ſtreichet, durch dieſelbe flieſſet, und ſich nahe dabey in die von Neuſes kommende Rezat ergieſſet. In dem alten und
natür-

natürlichen Bette schleicht der Holzbach mit schmalem Wasser in den Schallhäuser Wiesen fort, ebenfalls auf Ansbach zu, lauft bey dem Herrieder Thore durch die neue Pferdschwemme, fällt etliche Schritte davon in den erwähnten Kanal, und endlich in die Rezat. Von diesem Holzbach hat Ansbach wahrscheinlich seinen Namen bekommen, indem ursprünglich das dortige Stift, ferner der Flecken, und endlich die Stadt am Holzbach genennt worden, woraus mit der Zeit Onolzbach, Ansbach, geworden ist.*)

Von Ansbach fliesset die Rezat weiter nach Eyb, und wird immer mehr durch eintretende Bächlein verstärkt, zumahl oberhalb Ruzendorf, da sie zwey Bäche, dieß- und jenseits, verschlingt, und Lichtenau, zu Nürnberg gehörig, mit zwey Armen umschließt. Zwischen Lichtenau und Wolfersdorf nimmt sie wieder zwey Bäche auf, dann wieder einen bey Immeldorf und dortiger Mühle; ingleichen nicht weit von Schlauersbach und auf dortiger Mühle; ferner einen von Ziegenbach und einen, der von Zant über Fischbach und Ruckersdorf herriefelt. Weiter fliesset sie zwischen Kirschendorf und Bechhofen von Neuses hin gegen das Städtchen Windsbach, wo sie sich oberhalb mit einem über Wernsbach herkommenden Bach, und unterhalb bey Netzendorf mit noch zwey kleinen zu beyden Seiten einfallenden Bächen verstärkt, und dann weiter bey Untereschenbach den Gersbach zu sich nimmt. Dieser quillt im Oberamte Windsbach

*) Vergl. Stiebers hist. und topogr. Nachr. von dem Fürstenthum Brandenburg-Onolzbach S. 20. und 202.

bach nicht weit von Obereschenbach, einem Teutschorbischen Städtchen, hervor, lauft fort auf den Spiegelhof
und nach Ismannsdorf, wo ein von dem Weiler Reuthern
herabrieselndes Bächlein einfällt; streift dann fort auf
Speckheim, und von da auf den Weiler Gersbach, wo
er erst den Namen Gersbach annimmt, auch sich mit einem andern von Mitteleschenbach kommenden Wasser
verstärkt, und dann in die Rezat fällt. Diese nimmt bald
darnach einen andern Bach zu sich, der über Högersbach
her streicht, und erreicht darauf Wassermungenau. Dort
ergiesset sich in dieselbe ein von Dürrenmungenau her
rinnender Bach; worauf sie unweit Wernfels an der
Eichstättischen Gränze vorbeystreicht, bey der Pflugsmühle aber ganz ins Eichstättische eintritt. Zu Hofstetten
ergiesset sich ein über Ober- und Untererlbach kommender Bach in die Rezat. Sie kommt alsdann zu Trautsfurth und Spalt an. Ober- und unterhalb dieses Städtchens fasset sie wieder zwey von beyden Seiten einfallende Bäche auf; und tritt bey Wasserzell wieder ins Ansbachische. Nunmehr fliesset sie an der Eisenschmelzhütte hin nach Georgensgemünd, nimmt noch einen Bach,
der über Untersteinbach herrieselt, zu sich, und vereiniget sich darauf mit der Schwäbischen oder obern
Rezat.

3.
Von der Schwäbischen Rezat.

Diese Rezat entspringt in der Grafschaft Pappenheim,
auf dem sogenannten Riedwasen, nicht weit von Graben
und von Dettenheim gegen Mittag. (Das Dorf Graben
soll seinen Namen von dem Graben oder Kanal erhalten
haben, den Karl der Große anfangen ließ, um dadurch die

Altmühl

von der Rednitz.

Altmühl mit der Rezat zu vereinigen, damit man alsdann aus dem Rhein in den Mayn, aus dem Mayn in die Rednitz, und aus dieser durch die Altmühl in die Donau schiffen könnte.) Nachdem die Rezat etwan eine gute halbe Stunde durch das Pappenheimische gelaufen ist; so erreicht sie die Gränze von Weissenburg, auf dem sogenannten Ried, wo ihr, einer wahrscheinlichen Vermuthung zu Folge, viele Zuflüsse aus einem versunkenen Berg entzogen worden. Sie nähert sich der Stadt auf eine Viertelstunde weit, und gerade da, wo sie auf dem halben Weg zwischen Emmetzheim und Weissenburg hinfließt, zeigen sich Spuren, daß ihr Bette ehemahls größer gewesen. Aus Weissenburg fließt ihr alles Wasser zu, das die dortigen Mühlen treibt, und das sehr beträchtlich ist. Noch ehe sie das Gebiet dieser Reichsstadt verläßt, wird sie durch ein anderes, ziemlich starkes Wasser, das von Morgen nahe bey Wülzburg von den sogenannten Edelweyhern hervorkommt, recht merklich verstärkt; auch durch ein auf der andern Seite oberhalb Weimersheim herkommendes Bächlein; und dann noch durch einen über Niederhofen und Weiboldshausen an verschiedenen Mühlen in zwey Armen herbey eilenden Bach, der ihr an Größe nichts nachgibt. *)

Die Rezat lauft nunmehr weiter fort nach Ellingen, ein Städtchen, das bekanntlich dem Teutschen Orden gehört. Sie verstärkt sich ober- und unterhalb dieses Orts mit noch einigen Bächlein; erreicht alsdann

den

*) Eine meiner Nachrichten nennt diesen Bach die Velch. Auf der Vetterischen Landkarte des Fürstenthums Ansbach sieht man zwar dessen Abbildung, aber nicht den Namen.

den Eichstättischen Flecken Pleinfelden, und verschlingt bey der Mäusleinsmühl den Bronnbach. Dieser entspringt im Ansbachischen Oberamt Gunzenhausen bey dem Weiler Bronnbach, und fällt, nachdem er einen ziemlich starken, von Igelsbach herabkommenden Bach zu sich genommen, unterhalb Pleinfelden in die obere Rezat; welche darauf zwischen Mühlstetten und Mäuckel, wo die Mauck hineinfällt, durchwandert, und sich oberhalb Friedrichsgemünd in die Fränkische Rezat verliert.

Nach dieser Vereinigung der obern und niedern Rezat gesellen sich noch einige Bäche dazu, besonders bey Petersgemünd, und nun heißt der vereinigte Fluß die Rednitz.

4.
Vom Laufe der Rednitz bis zu ihrer Vereinigung mit dem Rothflusse.

Unser Fluß berührt darauf weiter hin Ober- und Unterheckenhofen, Bernlohe und Barnsdorf; nimmt von beyden Seiten einige Bäche zu sich, und kommt darauf nach Roth, wo er zur Rechten den Fluß gleiches Namens zu sich nimmt. Dieser Rothfluß hat einen doppelten Ursprung, und wird von der Quelle an, in den obern und untern Rothfluß eingetheilt. Jener entspringt theils im Pfalzneuburgischen, oberhalb Limpfstadt, nicht weit vom Städtchen Heydeck; theils in dem Ansbachischen Oberamte Stauf, bey Stauf und Eysölden. Er lauft nach Zell, dann auf die Lochmühl, nimmt dort den andern Arm zu sich, der von Limpfstadt und Heydeck herbey strömt; kommt hernach weiter auf Unterrothlen und Höfstetten; verstärkt sich da mit noch einem, von

von der Rednitz.

Pyras herabfliessenden Bach; wie auch mit einem andern, der in etlichen Armen über Altenhofen und Hiltpoltstein her rinnet; und vereiniget sich bey der Leonhardsmühle mit der Unterroth. Diese entspringt bey dem Pfalzneuburgischen Städtchen Allersberg; fliesset zwischen Fischhof und Bolsdorf, Birkach und Grashof, Zwiebelhof und Haimpfrich hindurch, bis an die gedachte Leonhardsmühle, wo der Oberrothfluß dazu kommt. Bey dem Städtchen Roth ergießt er sich, wie gesagt, in die Rednitz.

5.
Vom weitern Laufe der Rednitz seit ihrer Vereinigung mit dem Rothflusse.

Etwas weiter hinab fällt auch die kleine Aurach in die Rednitz. Diese Aurach entspringt in dem Ansbachischen Oberamte Windsbach, nicht weit von Petersaurach, fliesset zwischen Geitzhof und Steinhof durch; kommt ferner auf Wollersdorf, Bertelsdorf, Rudelsdorf, Barbhelmesaurach, Milbach, Gauchsdorf und Breitenlohe, und ergiesset sich endlich, nachdem sie unter Wegs mehrere Bäche zu sich genommen hat, in die Rednitz. Diese kommt darauf weiter nach Pfaffenhofen, und nimmt den dort mit zwey Armen einfallenden Brunnbach zu sich, welcher an der Pfalzneuburgischen Gränze, unweit Altenfelden, aus vielen Weihern heraus kommt, durch den Weiler Brunnau lauft, und endlich die Rednitz verstärkt.

Diese setzt nun ihren Lauf nach Buchenbach fort, und nimmt den Finsterbach zu sich, der von der rechten Seite herkommt. Er entspringt in der Grafschaft Wolfsteinstein-Pyrbaum, macht einige Weiher, lauft nach Harlach, und ergiesset sich, unterhalb Pruppach, in die Rednitz. Diese nimmt weiter bey Rednitzhembach diesseits die Hembach, jenseits aber einen andern über Walpersdorf herabkommenden Bach mit sich: streicht von da fort zwischen Bleckendorf und Schafmach hindurch an Penzendorf hin, und vereiniget sich nun mit der vordern Schwarzach. Diese entspringt unterhalb Neumark in der Oberpfalz aus dem Moosweiher, fliesset zwischen Rübling und Richtheim hindurch nach Berg, nimmt bey Meilenhofen, ein von Hausheim und Kettenbach herrieselndes Bächlein auf, und fließt nach Ober-Elspach, wo ein von Langenthal herkommender Bach in sie stürzt. Alsdann fließt sie weiter nach Unter-Elspach, nimmt aber vorher noch einen ohnfern Deinschwang entsprungenen Bach in sich auf, läuft nahe unter Gnadenberg vorbey, und verschlingt ohnweit der Schleifmühle, einen beträchtlichen Bach, der aus zweyen oberhalb Hagenhausen zusammen geflossenen Bächen entstehet, von denen der eine von Traunfeld und Eismannsberg, der andere aber von Adelheim und Oberrieden her rinnt. Nun eilet sie nach Rasch, Prethalmühl, Lochnershof und Förresmühl, nimmt bey dieser letztern ein von Schwarzenbach her rieselndes Bächlein auf, fließt nach Burgthann, wo auch ein kleiner Bach in sie fällt, geht weiter fort nach Ochenbruck, nachdem sie vorher durch den Mimbach verstärkt worden ist, eilet nach Schwarzenbruck, dränget sich bey dem Eisenhammer Steinach zwischen enge Felsenwände (die ehehin dem großen Gustav Adolf und einem Theile seines Heeres, einen sichern Aufenthalt gewährten) hindurch, nimmt unfern dem Weiherhause einen von Hanhof, Gauchsmühl, und Feucht hergekommenen

menen Bach auf, läßt auf ihrem fernern Wege durch Rötenbach bey St. Wolfgang, Wendelstein und Neuses, mehrere kleinere Gewässer in sich fallen, und ergießt sich endlich unterhalb Neuses in die Rednitz. *)

Nicht ferne davon ergiesset sich auch die obere Schwabach in die Rednitz, welche bey dem ehemahligen Kloster Heilsbronn aus den sogenannten dürren Aengern entspringt, unter Wegs durch verschiedene Bäche verstärkt wird, darauf durch Schwabach lauft, und sich zwischen Katzwang und Neuses in die Rednitz ergiesset, zu welcher sich bey fernerem Laufe noch verschiedene Bäche, und unweit Altenberg der Bibertfluß gesellet. Dieser entspringt an der Bayreuthischen und Ansbachischen Gränze bey den Weilern Schmalenbühl und Heinklingen; nimmt bey seinem ziemlich schnellen Laufe verschiedene Bäche, besonders die Metlach, und bey Zirndorf einen von Egersdorf, unweit Cabolzburg, herkommenden Bach, der noch keinen besondern Namen hat,

*) Eine andere Schwarzach fliesset in der Oberpfalz, und fält bey Schwarzenfeld in die Nab. Man darf sich nicht wundern, daß in Teutschland mehrere kleine Flüsse Schwarzach, Schwarza und Schwarzwasser heissen. Die Flüsse, welche langsam fliessen, scheinen schwarzes Wasser zu haben. Daher heissen auch in der alten Geographie verschiedene Flüsse Melas. Ein solcher kommt vor in Macedonien, ein anderer in Arkadien, ein anderer in Böotien, ein anderer in Thessalien, ein and.rer in Thrazien, wieder ein anderer in Pamphylien, und noch ein anderer in Jonien. Einige suchen auch einen Melas im Cisalpinischen Gallien, und meinen, Virgil ziele auf ihn Georg. IV, u. 278. allein kein alter Geograph weiß etwas von diesem Cisalpinischen Melas. Ueberdieß lesen auch die meisten Handschriften Mella, der auch im Catull vorkommt.

hat, zu sich, und fällt, ungefähr zwölf Schuh breit, bey Altenberg in die Rednitz. Die Bibert hat Weißfische in Menge; auch führt sie Hechte und Barben. Die Rednitz nimmt darauf noch zwey Bäche, von beyden Seiten, zu sich, und kommt nach Fürth, wo die über Nürnberg kommende Pegnitz in diese fließet.

6.

Von der Pegnitz.

Dieser Fluß entspringt im Bayreutischen Oberland, nicht weit von Creussen. Es ist falsch, daß der sogenannte Zausebrunn — eigentlich Sausebrunn, weil er mit Sausen und Brausen hervorquillt — die eigentliche Quelle der Pegnitz sey. Dieser Zausebrunn kommt aus dem Berge, worauf das nun verwüstete Schloß Böhmenstein*) erbauet war, so stark hervor, daß er die nächst dabey stehende Mühle treibt, ein Brauhaus mit dem besten Wasser versieht, und die rings um Pegnitz befindlichen Weiher anfüllt. Aber die Quelle der Pegnitz ist er keineswegs: sondern diese entspringt aus zwey Quellen, wovon die eine der Foren- oder Forellenbrunnen, und die andere der heilige Brunnen heißt; beyde sprudeln unweit Lindenhart. Jenen findet man, wenn man westwärts aus Lindenhart hinabgeht, und ungefähr zehen kleine Wasserquellen, die zusammen rinnen, vorbeygelassen, weiter unten zur rechten Hand, wo er aus einem weissen Sandfelsen hervorquillet, und mit jenen kleinern Quellen bey Forenbach, worin ehedem Forellen waren, bildet, und dann die obere Hollmühle
gang-

*) In den beyden neuesten Ausgaben der Büschingischen Erdbeschreibung, vielleicht auch in früheren, steht Böhenstein.

gangbar macht. Der andere, von dem zur Kirche in Lindenhart gehörigen Walde, der heilige Brunn genannt, fliesset eine Viertelstunde gegen über nach Weig-lathal, unweit Hörnleinsreut, aus einem weissen sandigen Boden hervor, auf die untere Höllmühle zu, vereiniget sich zuvor mit dem Forenbach, treibt alsdann diese Mühle, und geht auf Ober- und Unterleibs, Wolfsloh, Schorthammer und Heidemühl; welches alte Eisenhämmer sind. Bis zur Heidemühl hieß er ehedem die Vichtenohe, welcher Name aber nun längst verloschen ist.*) Bey Heydemühl vereiniget er sich mit dem Ruppelsbrunn oder Rumpelbrunn, und verschlingt den von Zips herabgekommenen starken Bach ostwärts, **) und westwärts den Erlenbach, der in Buchenbach entspringt; ***) ingleichen das aus dem Dorfe Buchau aus vier

*) In einer Urkunde vom 7ten Jul. 1541 kommt er noch vor. Sie fängt so an: Nachdem sich zwischen der Durchl. Hochgebohrnen Fürsten und Herrn, Herrn Georg und Herrn Albrecht Gnaden, beeder Marggrafen zu Brandenburg, Unterthanen, Burgemeister und Rath zu Pegnitz, und den Müllern an der Wasserfluth Pegnitz gesessen an einem, und dann dem Hammermeister an der Wasserfluth Vichtenoh wohnhaft andern Theils, des Wassers Erbfluß halber, so von der Hohlmühl auf die Hämmer, folgends herab auf die Mühlen gehen soll. zc zc.

**) Der Zipserbach, das Gemein-Wasser genannt, ist fälschlich von einigen für den Ursprung der Pegnitz angegeben worden. Er besteht aus vier Bächen, dem Schnabelweyder, Schönfelder, Steinreuter, und dem Raub-Brunnen.

***) Dieser Bach ertränkte im J. 1595 zu Ostern zwölf Menschen und viel Vieh; riß auch ein Haus weg in Buchenbach.

vier Quellen sich ergiessende Gewässer. Darauf nähert sich die Pegnitz dem Städtchen gleiches Namens, fliesset vor dem obern Thor vorbey durch eine steinerne Brücke, und treibt darauf die Kornmühle, alsdann die Walzmühle, und etwa hundert Schritte weiter die Hohl- oder Röschmühle. Hier kriechet das aus der Radstube fallende Wasser durch ein Gewölbe von hundert Schritten, und weiter in den Bauch des Hohlbergs, der auch der Wasserberg genannt wird. Endlich, nach einer halben Viertelstunde, kommt er wieder zum Vorschein. Nun lauft die Pegnitz nach dem sogenannten Bischoffswald fort, vereiniget sich bey ihrem fernern Laufe mit einem, vom Städtchen Auerbach herkommenden Bach, ohnweit dem Bambergischen Kloster Michelfeld, und kommt dann nach Ranenstein, Kupferberg, Velben und andere Orte. Bey Eschenbach fällt hinein der von Eschenfelden herrieselnde Hirsbach; etwas weiter davon bey Hohenstadt, der, über Hogenbach, Weigendorf und Hartmannshofen in etlichen Armen herstreichende Kieselbach. Zwischen Hohenstadt und Hersbruck fällt der von Alfeld herkommende, durch ein von Malsperg herfliessendes Wässerchen, und durch den Reinsbach ziemlich stark gewordene Förrebach in die Pegnitz. Unterhalb Hersbruck bey Altensittenbach diesseits fällt hinein der Sittenbach, und jenseits der Hammerbach. Zwischen Reichenschwand und Obensoos treten wieder zwey Bäche von beyden Seiten ein, und bey fernerem Laufe gesellt sich auf der einen Seite der bey Rothenberg vorbeyfliessende Schneidebach, und auf der andern das von Morizberg hereilende Nesselbächlein, und noch ein anderes kleines Wasser, dazu. Bald nach dem Einflusse des ziemlich starken von Schnaittach, Rollhofen und Speikern hergekommenen Schneidebachs,

bachs, fällt auch auf der nämlichen Seite der von Neuen-
kirchen herfließende beträchtliche Rötenbach (der jedoch
mit dem später erst von Altdorf hereineilenden ziemlich
wasserreichen Bache gleiches Namens nicht zu verwech-
seln ist) in die Pegnitz. Dieser kommt aus dem Laurenzer
Walde von Unterweltzleuten unweit Altdorf her; nimmt
bey der Fuchsmühle das Heydelbächlein zu sich, welches von den Dörfern, Ober- und Unterheydelbach, her-
fliesset, und wird auch noch mit einem dort entspringen-
den Bache, der Ursprung genannt, welcher die Obermüh-
le und Roßmühle treibt, verstärkt. Nun kommt die
Pegnitz nach Lauf, welcher Ort seinen Namen vom
Laufen oder von den Wasserfällen dieses Flusses haben
soll, indem er dort drey hohe Wehre oder Wasserfälle
hinter einander hat, welche zur Erbauung der Hammer-
und Mühlwerke Anlaß gegeben, welche zu beyden Seiten
der Pegnitz fast einen so großen Platz einnehmen, als das
Städtchen selbst.

Die Pegnitz kommt nun weiter nach Schweig, Mal-
mersbach, Ober- und Unterbürg, ferner nach Mögel-
dorf. Bey Erlenstegen fließt ein aus dem Sebalder
Reichswalde herrieselndes kleines Wasser in sie, und ohnfern Wöhrd nimmt sie ein bey Zabelshof entspringendes,
über den Gleishammer und die Tulnauer Papiermühle
herkommendes Bächlein in ihren südlichen Arm auf.
Darnach theilt sie sich bey dem Unterveilhof in zwey Arme, davon der eine an der Nürnbergischen Vorstadt
Wöhrd, der andere aber an der Habermühle vorbey
fliesset. Beyde laufen getheilt in die Stadt hinein, und
vereinigen sich hierauf zwischen dem neuen Spital und
der Parfüßerbrücke, und scheiden sie gleichsam in zwey
Theile.

Theile. Dieser Fluß treibt darin 68 Mühlräder, ohne die Schleif- Polier- Säge- Rothschmid- Papier- und andre Mühlen. Bey der Krötenmühle vereiniget sich der Fischbach mit ihm, welcher aus dem Tutschenteiche (gewöhnlich Dutzendteich) kommt. (Wiewohl dies eigentlich kein Bach, sondern mehr ein Abfluß oder Landgraben ist.*) Endlich fällt die Pegnitz bey Fürth in die Rednitz.

Der gemeine Mann, der überall Vorbedeutungen künftiger Begebenheiten erblickt, steht in den Gedanken, daß es Krieg bedeute, wenn die Pegnitz anschwillt und sich ungewöhnlich stark ergiesset. Es ist dieß um so viel ungereimter, da bies beynahe alle Jahre zu geschehen pflegt.

Uebrigens ist der Lauf dieses Flusses schnell, und geht über lauter Sandboden. Sie nährt eine Menge von Fischen, als Karpfen, Aale, Forellen, Hechte, Barben, Weißfische, Elten oder Alante, Schleichen, Ruppen, Gründel u. s. w. auch Krebse im größten Ueberfluß.

Der gewöhnlichen Meinung, daß die Flüss' Pegnitz und Rednitz, nach ihrer Vereinigung die Regnitz heissen, widersprechen andere, und behaupten, es wäre dies ein Fehler. Die Regnitz, sagen sie, fließt bey Hof im Vogtlande; die Rednitz aber behält ihren Namen bis zu ihrem Einfluß in den Mayn. Sie unterstützen ihre Behauptung durch Urkunden und Lagerbücher, wie auch durch den noch fortdaurenden Gebrauch des Wortes Rednitz bey gerichtlichen Handlungen. Ein mit der Brandenburgischen Landeskunde vertrauter Gelehrter in Erlan-

*) Vergl. (Truckenbrot's) Nachrichten zur Geschichte der Stadt Nürnberg B. 1. S. 265.

Erlangen versichert mich dessen, und vermuthet, daß die Verwandlung des Wortes Rednitz in Regnitz ihren Grund in der verdorbenen Aussprache des gemeinen Mannes habe.

7.
Von der Rednitz seit ihrer Vereinigung mit der Pegnitz.

Nicht weit von Unterfarnbach ergiesset sich der Farnbach in die Rednitz. Dieser Farnbach entspringt im Bayreuthischen ohnweit Diekenholz; unter Wegs bildet er einige Weiher, und nimmt im Amte Cadolzburg ein von Dürrenfarnbach herrieselndes Wässerchen, ebenfalls Farnbach genannt, nebst noch andern kleinen Bächen, zu sich; kommt alsdann nach Burgfarnbach und Unterfarnbach, und fällt da in die Rednitz.

Weit beträchtlicher ist die Zenn, die sich bey Stadeln in die Rednitz ergießt. Die Zenn entspringt aus dem Weckbrunnen bey Urphertshofen auf der Gränze des Hofkastenamts Ansbach und des Oberamts Uffenheim, verstärkt sich unter Wegs mit dem Fembach und noch verschiedenen andern Bächen, und tritt endlich mit zwey Armen in die Rednitz. Die Zenn ist fischreich, besonders an Hechten und Karpfen.

Bey Vach ergiesset sich ferner in die Rednitz ein Bach, der über Ober- und Untermichelbach herkommt, und auf der andern Seite die Gründlach, welcher bey Geißroth im Bayreuthischen aus zwey Quellen entsteht, und nachdem er einige andere Bächlein zu sich genommen hat, bey der Königsmühle in die Rednitz fällt.

Bey

Bey Bruck, unweit Erlangen, tritt auch die Aurach, nämlich die größere, in die Rednitz. Sie entspringt im Amte Markterlbach, nicht weit von Linden, beym Hohenecker Walde aus einem Weiher, und nimmt, ehe sie die Rednitz erreicht, eine Menge kleiner Bäche zu sich.

Bey Erlangen fällt auch der kleine Röthelheim, der bey dieser Stadt südwärts entspringt, in die Rednitz. Diese verschlingt bald darauf ein auf der andern Seite von Roßbach herkommendes Wasser, und weiter hinab die untere Schwabach. Diese entspringt unweit des Premerhofs im Nürnbergischen, westwärts von Gräfenberg, aus einem Loche am Fuß eines Berges. Die Quelle ist so stark, daß ihr Fall und Sprudeln etliche hundert Schritte weit kann gehört werden. Der erste Bach, den sie zu sich nimmt, kommt aus der Gegend von Walkersbrunn. Sie fließt alsdann zwischen Dachstetten und Letten durch, unterhalb welcher Oerter bey Igensdorf der Lichbach in dieselbe tritt. Hier kommt auch ein Wasser von Gräfenberg hinein, welches bey Gräfenberger-Hüll entspringt, unter Wegs noch einen Bach von Weisenohe herab zu sich nimmt, in den sich ein von Haus herkommender ergießet; dieser heißt der Steinbrunnengraben; weil er aus dem sogenannten Steinbrunnen entsteht. Diese Bäche vereinigen sich mit dem von Gräfenberg kommenden Wasser so, daß sie bey Mitteldorf einen eigenen Kanal in die Schwabach nehmen, wenn der Lichbach, da, wo sich erstere Bäche vereinigen, aus eben diesem Bette sich so wendet, daß er noch oberhalb des Einflusses der letztern in die Schwabach kommt. Nach diesen fällt die Rüsselbach, die durch Ober- Mittel-und Unter-Rüsselbach herabkommt, von Morgen in den noch

ziemlich

ziemlich kleinen Fluß. Von Abend, aus der Gegend von Lindelbach, kommt ein kleines Wasser, und tritt bey der Steckacher Mühle in die Schwabach. Von der Morgenseite, aus der Gegend von Herpersdorf, kommt der Röhrebach bey Forth hinzu. Unterhalb Forth, bey der Bug, fällt auch der Eckenbach hinein. Er entspringt bey Berbach, und nimmt von Bulach her noch einen Graben zur Vergrößerung ein. Bey der Brander Mühle kommt die Steppach dazu. Unter derselben, bey der langen Brücke, nimmt die Schwabach einen andern Bach zu sich, der aus einem Sumpf in dem benachbarten Walde kommt, und den man die Rettlach nennet; daher der Bach auch der Rettlachsgraben heißt. Bey Erlangen tritt, wie schon erwähnt worden, die Schwabach in die Rednitz.

Diese verschlingt darauf nicht weit von Kleinsebach einen ansehnlichen, in verschiedene Arme getheilten Bach; ferner bey Bayersdorf den Kreutzbach, der von dem in der Mitte stehenden, die Gränze bezeichnenden Kreutze so genennet wird, und noch verschiedene andere kleine Wasser. Sie eilt nun auf Forchheim zu, wo die Wiesent hineinfällt.

8.

Von der Wiesent.

Dieser Fluß entspringt bey Obersteinfeld im Bambergischen, fliesset auf Hollfeld zu, und nimmt dort die von Schiradorf im Bayreuthischen herkommende Reinach, die sich bey Keinach mit dem kleinen Kaisersbach vereiniget hat, und dann weiter, unweit Rechendorf, die Locha zu sich. Diese Locha kommt beym Dorfe gleiches

ches Namens im Bayreuthischen, aus dem sogenannten Steinhauser Brunnen, und bisweilen mit ihr viele kleine Fische, heraus. Sie geht durch Allendorf, nachdem sie zuvor von dem dortigen Brunnen verstärkt worden; auch das Thannfelder Bächlein nimmt sie zu sich, und fällt unter Blankenfels in die Truppach. Ehe dieß geschieht, krümmt sich die Locha, und kommt bey ihrem Einfluß der Truppach fast entgegen. Wenn nun die aufgeschwollene Truppach, wegen der Schwere ihres Wassers, wenig von der Locha in ihr Bett kommen läßt; so bleibt das immerzu nachkommende Wasser der Locha stehen, und wächset immer mehr an, bis das Wasser der Truppach fällt. Durch Führung eines Grabens könnte man der Locha einen leichtern Einfluß in die Truppach verschaffen, und so den Schaden, den das lose Wasser derselben verursacht, verhüten. Merkwürdig ist es, daß, wenn das Wasser der Locha stehen bleibt, es durch den ganzen Berg, an den sie sich vorbey krümmt, ehe sie in die Truppach fällt, und welcher heut zu Tage der Truppacher Berg genennt wird, vor Alters aber Blankenberg hieß, hindurch bringt, und an der Truppacher Landstraße durch Felsenritzen, welche 400 Schritte weit von ihrem Einflusse in die Truppach vom diesseitigen Fuß des Berges befindlich sind, wieder heraus kommt. Es erhellet daraus, daß innerhalb dieses Berges viele Gänge und Höhlen seyn müssen.*)

Wenn

---

*) Eine Vorstellung dieser Merkwürdigkeit hat Stebler geliefert in seiner Nachlese einiger Naturalien in Franken; in den Fränkischen Actis erud. et curios. Coll. XXII. S. 829.

Von der Rednitz.

Wenn nun die Wiesent die Truppach, und weiter hin den Hanbach zu sich genommen hat, so kommt sie nach Weischenfeld, fliesset bey Rabeneck vorbey, und verschlingt alsdann die Aufsees, die unweit Königsfeld auf einer Wiese aus einer ungemein starken Quelle entspringt, und über Dressendorf, Unteraufsees und Wüstenstein herkommt. Bald darauf nimmt sie auch den Putlach zu sich, der zwischen Kleba und Trockau entspringt. Sie kommt weiter vor Ebermannstadt vorbey, wo sie ein über Lutherisch-Heilligenstadt herkommender Bach verstärkt. Alsdann fliesset sie unweit Prezfeld vorbey, und nimmt die Trubach zu sich. Sie fliesset von Trubach her, und vereiniget sich unter Wegs zwischen Eglofstein und Schweinstall mit noch einem Bach. Man muß sich hüten, sie nicht mit der vorhin gedachten Truppach zu vermengen. Hierauf fliesset sie auf Forchheim zu, und vereiniget sich dort gedachtermaßen mit der Rednitz. Die Wiesent, die selbst im härtesten Winter nicht zufriert, führt herrliche Forellen mit sich.

9.
Von der Aisch.

Bey Brandlohe fällt ferner die Aisch in die Rednitz. Sie hat ihren Ursprung im Bayreuthischen, zwischen den drey Orten Burgbernheim, Schwabheim und Illesheim, eine Stunde von der Reichsstadt Windsheim, auf einem kleinen Wiesengrund, acht oder zehn Schritte von der Ansbacher Landstraße. Weil sie in einer völligen Ebene entspringt, so fliesset sie sehr faul. Der dortige Boden ist so beschaffen, wie die ganze Gegend um Windsheim; es ist nämlich an manchen Orten kaum einen

nen oder zwey Schuh tief Erde anzutreffen, darunter aber Felsen von Gypssteinen; wie man denn mitten im Quell der Aisch auf dem harten Gypsstein stehen kann, worinn sich vierzehn bis funfzehn Löcher finden, aus denen das Wasser hervor quillet. Diese Löcher sind zum Theil einen, zum Theil anderthalb, zum Theil auch zwey Schuh im Durchschnitt groß, und mit Schlamm und Moos angefüllt. Durch dieselben kann man mit einer Stange vier, fünf bis sechs Schuh tief hineindringen, bis man wieder auf Steinen anstößt. Hingegen mit dem Senkbley kann man wegen des Schlammes nichts ausrichten. Gegen Mitternacht hin, nicht weit von den Hauptquellen sind noch fünf Nebenquellen, die sich durch einen Arm mit jenen vereinigen. Zusammen machen sie einen Fluß aus, der in einer halben Viertelstunde schon eine Mühle, die Aischmühle genannt, treibt. Er fließt hierauf an der Stadt Windsheim vorbey, und nimmt unter Wegs auf beyden Seiten viele kleine Bäche, wie auch den Ebefluß, der aus dem Ehegründlein in verschiedenen Armen von Bautenbach und Sugenheim herkommt, und die Weisag, die von Tragelhöchstädt und Schornweisag herkommt, zu sich. Nun wandert die Aisch, schon ziemlich erwachsen und fischreich, bey Lonerstadt vorbey, nimmt bey fernerem Lauf noch einige Bäche zu sich, und ergießet sich, sieben Meilen von ihrem Ursprunge, bey Brandlohe in die Rednitz, nachdem sie bis dahin bey hundert Mühlen bedient hat. Sie tritt oft weit und breit aus, und hat schon mancherley Schaden und Unglück gestiftet.

10. Von

von der Rednitz.

10.
Von der Vereinigung der Aisch mit der Rednitz, bis zur Ergiessung der letzten in den Mayn.

Nicht weit von Kettensdorf ergiesset sich auch die reiche Ebrach in die Rednitz. Sie entspringt im Schwarzenbergischen bey Röthelsee, und wird unter Wegs durch verschiedene Bäche verstärkt. Weiter fliesset bey Pettstadt auch die rauhe Ebrach hinein, welche im Wirzburgischen, nahe bey Ober- und Unter-Steinach, entspringt, und unter Wegs bey Burgebrach die von Kloster Ebrach herkommende Mittel-Ebrach, nebst verschiedenen Bächen, aufnimmt. Bey Buch wird die Rednitz auch noch durch die Aurach verstärkt, die im Bambergischen bey Unterzell entspringt, und über Ober- und Unter-Aurach herkommt. Die Rednitz nimmt auch jenseits noch zwey Bäche zu sich, und erreicht endlich Bamberg. Wenn sie durch diese Stadt und vor dem Kloster Mönchsberg vorbey geflossen ist, so fällt sie bey Seli stadt in den Mayn, nachdem sie vom Zusammenfluß der obern und untern Rezat vierzehn Meilen zurück gelegt hat.

11.
Noch einige Anmerkungen über die Rednitz.

Von Forcheim bis Bamberg sieht man keine Brükke mehr über die Rednitz, weil da der Fluß sehr breit und schiffbar ist. Täglich gehen Schiffe und Kähne mit Gütern und Waaren von Bamberg nach Forcheim, und von da nach Bamberg. Der Fluß führt gute Karpfen, Forellen, Barben, Aesche, Orfen, Gründel und andere Fische, nebst sehr guten Krebsen. Im J. 1711 wurde zu

Bayersdorf in der Rednitz bey der Mühle eine Lamprete gefangen. Dieser Seefisch war ohne Zweifel in den Rhein, aus diesem in den Mayn, und aus diesem in die Rednitz gekommen. — Sie tritt übrigens gar leicht aus, und richtet oft ziemliche Ueberschwemmungen an, zumal gegen das Ende des Winters. Bey Antritt des Jahres 1777 verließ die Rednitz die Stadt Bamberg gänzlich. Das Eis, das sich bis auf den Grund aufgesetzt, hatte den Lauf des Flusses gänzlich gehemmt, und das Wasser suchte einen andern Weg. Eine halbe Stunde oberhalb der Stadt, bey Buch, brach es durch, und nahm seinen Lauf zwischen der Stadt und Vorstadt. Die Mühlen standen still. Die Schiffe lagen auf dem Eis oder auf dem trockenen Boden. Ueberall konnte man durch das Bett des Flusses gehen. Man stellte aber bald über 700 Menschen an, die die durchgebrochene Oeffnung zudämmten, und durch das Eis dem Fluß seinen alten Weg wieder anwiesen, wie auch eine, oberhalb sich angelegte Sandbank durchstachen. Diese Arbeit ging gut von Statten. In der Mitte des Monats Januar floß schon wieder viel Wasser durch die Stadt. — Was eben dieselbe bey der schrecklichen Ueberschwemmung im J. 1784 gelitten, und wie durch den ungeheuer angeschwollenen Fluß, eine kostbare steinerne Brücke vernichtet worden, schwebt noch in frischem Andenken.

II.

II.

DESCRIPTIO
CODICVM
A *S.* HENRICO IMP. AVG.
ECCLESIAE BAMBERGENSI
DONATORVM.

In Sacrario Templi Cathedralis.
In Membranis.

Dom. *Iobannes Graffius*, Imper. Ecclèfiae Cathedralis Bamberg. Vicarius et Subcuftos meritiffimus, ftrenue functus eft officio Bibliothecarii. Bibliothecam enim S. R. Capituli in ordinem redegit Vir diligentiffimus, Schwarzioque noftro, Vniuerfitatis Altorfinae ornamento, delineationes adcuratas picturarum binorum foliorum, in fronte Codicis (III) quatuor Euangeliorum latinorum *) mifit, quas in minorem formam redactas iuris publici fecit Vir immortalis in fuo Problemate hiftorico-critico de S. R. I. Archifcutifero, 1738. 4. Tab. I, pag. 25; et in germanica commentatione, *Erläuterung des acad. Problematis von des H. R. Reichs Erz - Schild - Herrn-Amt.* Altdorf, 1739. 4. Tab. II, pag. 15.

Adferuantur ducenti et quinquaginta peruetufti codices membranacei, quos Henricus Sanctus, Imperator, quondam ifti Ecclefiae, a fe conditae, donauit. Adeffe 440 Codices membranaceos in hac S. R. Capituli Bibliotheca, certiorem reddidit Schwarzium Graffius, A. 1739 hifce uerbis: *Ich bin gefinnet, aus 440 einem Hochwürdig - Hochwohlgebohrnen Bambergifchen*

---

*) Eaedem fere picturae, mira arte elaboratae, ornant frontem Codicis Antiquitatum Iudaicarum Flauii Iofephi.

Dom - Capitul zugebörigen Codicibus membranaceis MSS. alle antique, so wobl in Hiſtoriam eccleſiaſticam, als profanam, einſchlagende Mahlereyen, nebſt überaus kunſtreich geſchlungenen Schrifften, dann eine Abſchrifft des characteris eines jeglichen Codicis, welches alles auf das fleiſsigſte kunſtreich copirt, und zu dem Stich des Kupferſtechers parat iſt, dem publico heraus zu geben, woraus dann authentice zu vernehmen ſeyn würde, unter welchem Kayſer die obbemeldte Mahlereyen gefertiget, was für munera, oder cenſus, von denen Geniis Regnorum (Codice I, II et III) *offeriret, dann was das neben dem Kayſer ſtehende miniſterium* (Cod. III) *für eine Bedeutung habe.* Vtinam cum orbe litterario communicaſſet, quae promiſerat!

Anno 1790 beneuolo permiſſu duorum S. R. Capituli Ornamentorum, Dom. *Iohannis Philippi Antonii L. B. a Schaumberg*, et Dom. *Ioſephi Caroli Georgii L. B. ab Hutten*, comite amiciſſimo Dom. *Andrea Frey*, digniſſimo Bibliothecario, et Imperialis Aedis Bambergenſis Vicario, atque Sub - Cuſtode, theſauros iſtos membranaceos perluſtraui, quibus deſcribendis uix annus ſufficeret. Interim haud tempero mihi, ut cum Velleio loquar, quin e tanta codicum multitudine hoc, qualecumque eſt, inferam.

CODEX

CODEX I.

Liber Missalis, Saeculo XI scriptus, annis 1020, 1060, 1080. Longitudine unius pedis, latitudine decem pollicum. Teguminis prima tabula lignea exornatur lamina aurea ponderis 84 coronar.

Duae Synodi Librum ordiuntur; una sub Gunthario Episcopo Bambergensi quinto, A. C. 1060;*) secunda sub Ruoberto Episc. Bamberg. septimo, A. C. 1080. **)

Legitur deinde litteris aureis:

INCIPIT MARTYROLOGIVM.

Sequitur Calendarium auro scriptum.

In Pictura ***) S. Vdalricus, et S. Emmeramus brachia Imp. Henrici, hastam, et gladium tenentis, sustinent; Deus eum coronat, inter duos angelos, qui hastam et gladium porrigunt, cum hisce uersibus flexuose scriptis:

☩ *Cle-*

---

*) Habet *Harzheim* T. III Conciliorum german. p. 126 ex uetusto Codice Euangeliorum MS in Sacrario Ecclesiae cathedralis Wirceb. annum 1050, qui esse debet 1060, quo Guntherus in locum quarti episcopi Adalberonis subrogatus fuit. Vid. Hoffmann. ap. Ludew. Vol. I, col. 75. Miror, Lechnerum de Concil. Synodis et Comitiis sacris Bamberg. p. 19. hoc non animaduertisse.

**) Vid. Schannat ap. Harzheim, T. III, p. 206.

***) Delineata est sub litt. C. in tabula aenea, quae Morgengabam, siue Crucem auream exhibet, in Act. SS. Iul. T. III, p. 786. §. 90.

✠ *Clemens Christe, tuo longum da uiuere picto.*
Vt tibi deuotus non perdat temporis usus.

Bini uersus sequentes sub Sancti brachiis inchoandi sunt iuxta pedem dextrum:

✠ *Ecce coronatur diuinitus atque beatur*
Rex pius Heinricus. Proauorum stirpe polosus.
(illustris)

Ad dextram Imp. Henrici conspicitur Episcopus Vdalricus, cum hocce uersu:

Huius Vdalricus cor Regis signet et actus.

Ad siniftram S. Emmeramus, cum hoc uersu:

Emmeramus ei faueat solamine dulci.

Angelus superne uolans Henrico in manum dextram porrigit hastam:

Propulsans curam sibi confert Angelus hastam.

In siniftram manum accipit ensem, ab angelo sibi datum, cum uersu:

Aptat et hic ensem cui (pro cuiuis) praesignando timorem.

Hanc picturam excipit alia. Repraesentatur S. Henricus, corona ornatus, sceptrumque tenens atque globum imperii, insidens throno, cui a sex geniis uariarum prouinciarum dona offeruntur, cum epigraphe:

Ecce triumphantis terrarum partibus orbis
Innumerae gentes dominantia iussa gerentes
Muneribus multis uenerantur culmen honoris.
Talia nunc gaude fieri, Rex o benedicte,
Nam

Nam ditione tua sunt omnia iura subacta.
Haec modo suscipias caeli sumpture caronas.

Duobus deinceps foliis ex opposito haec tria uerba nitidissime transpositis litteris aureis sunt scripta:

INCIPIT LIBER SACRAMENTORVM.*)

Sequitur Praefatio aureae superficiei inscripta, intermixtis foliis, quam excipit

1. Christus cruci adfixus, cum uerbis graecis:

HCTAxΦPωCIC (sic, pro ἡ ϛαυρωσις) *Crucifixio.*

2. Sepulchrum Christi. Angelo, cippo insidenti, adscriptum est:

Angelus hic Domini soluit signacula busti.

Sepulchro, quod una trium sacrarum mulierum turibulo turificat, adscriptus est uersus sequens:

Petra sepulchralis digna merito ueneraris.

Custodibus adscriptum legitur ita:

Custodes cassi seruant hic claustra sepulchri.

Sequitur Canon Missae aureis litteris per totum exaratus, qui cum hodierno conuenit. Formula: *Pax Domini sit semper uobiscum*, magnis transuerse positis litteris est scripta. Manus e nubibus porrecta calici benedicit:

Sancta

---

*) Nimirum S. Gregorii Magni. Transmiserat eum Hadrianus I Carolo M. cum Benedictionali, siue Syntagmate sollemnium sacrarum Benedictionum, quod edidit *Lambecius.* Vid. eiusd. comment. de Biblioth. Caes. Vindob. L. II, c. V, p. 299—317.

Sancta Dei Patris benedicat dextera nobis
Omnes atque sua nos saluet ubique sub umbra.

In altero latere agnus aureus eſt, cum inſcriptione:

Agne Dei noſtrum miſerando tolle reatum.

Ambiunt agnum iſta uerba, litteris foliorum ornatu diſtinctis poſita:

Agnus Dei qui tollis peccata mundi, miſerere nobis.

Sequitur Miſſarum diuiſio, quae a die Natiuitatis Domini incipiunt. Inter Miſſas uotiuas hae ſunt non amplius uſitatae:

Miſſa pro tentatione inimicorum inuiſibilium.
Miſſa contra tentationem carnis.
Miſſa de ſancta ſapientia.
Miſſa de Charitate.
Miſſa pro Rege.
Miſſa pro Amico.
Miſſa pro familiaribus.

CODEX II.

Quatuor Euangelia. In membrana tenui, Codex tempore S. Henrici ſcriptus, quo Eccleſiam cathedralem donauit. in fol. Longitudine unius pedis et quinque poll. latitudine tredecim pollicum. Cuius thecae ſ. duarum tabularum lignearum ornatus ornatui Crucis ſtatiuae ſ. Morgengabae S. Kunegundis perſimilis eſt, ubi graeca et latina commixta ſunt. Quadrum in medio eburneum eſt, in quo myſteria Chriſti ſepulti

et

et refurgentis eleganter excifa funt. Porro ornatus reliquus in limbis latioribus, quadrum ambientibus, et materia et artificio ipfi quadro ad amuffim refpondet. Limbi ipfi ex lamellis aureis, pondere 210 coronarum, encauftico opere elaboratis, conftant, infertis iftic 80 pretiofis lapidibus, et 51 margaritis. Effigies Chrifti, Apoftolorum et Euangeliftarum*) omnes fimillimae iis, quae in Cruce ftationali aurea praelaudata (uid fupra, pag. 154) referuntur, ut aetate proximum artificem omnino fapere uideantur.

Quadrum eburneum ambiunt in margine aureo uerfus feqq. characteribus maioribus incifi auro, et opere encauftico. Vid. Acta Sanctorum. Iul. T. III, p. 784, 785. §. 84.

Grammata qui Sophie querit cognofcere uere.
Hoc mathefis plene quadratum plaudet habere.
En qui ueraces Sophie fulfere fequaces.
Ornat perfectam Rex Heinrich Stemmate Sectam.

In quatuor angulis in opere mufiuo quatuor Infignia Euangeliftarum, cum gothicis infcript. *S. Mattheus* (fic) *Euangelifta. S. Marcus Euangelifta. S. Lucas Euangelifta. S. Ioannes Euangelifta,* inter quos Chrifti et Apoftolorum icones funt nominibus graecis.

In

---

*) Vid. delineationes in Actis SS. Antuerp. Iul. Tom. III, fub litteris D et E. p. 785. §. 84.

In primo libri folio aureis characteribus maioribus leguntur hi uersus, lineis rubris, ¼ pollicem latis, inscripti:

Rex Heinricus ouans, fidei splendore coruscans,
Maximus imperio fruitur quo prosper auito.
Inter opum uarias prono de pectore gazas,
Obtulit hunc librum, diuina lege refertum:
Plenus amore Dei, pius in donaria templi,
Vt sit perpetuum decus illic omne per aeuum.
Princeps Ecclesiae, caelestis clauiger aulae,
O Petre, cum Paulo gentis doctore benigno,
Hunc tibi deuotum prece fac super astra beatum,
Cum Chunigunda sibi conregnante serena.
Hoc Pater, hoc Natus, nec non et Spiritus almus
Annuat aeternis semper Deus omnibus unus.

Subiunguntur hisce uersibus uno eodemque folio Segmenta siue Picturae duae:

Pars superior non Imperatoris Iustitiam denotat administratam notamque, sed Henr. et Cunig. coronatos a Iesu Christo stipatosque apostolis Petro et Paullo, cum uersibus suprascriptis:

Tractando iustum. discernite semper honestum.
Vtile conueniat. consultum Legis ut optat.*)

Leo Marsicanus, Cardin. et Episc. Ostiensis († post a. 1115) in Chronico Casinensi, Lib. II, cap. 43 enumerat inter munera pretiosa, quae Henricus, ob recuperatam sanitatem, A. 1013

---

*) Ibid. Litt. A et B. p. 786, §. 89.

1013 Benedicto obtulit, *Textum Euangelii, deforis quidem ex uno latere adopertum auro purissimo, ac gemmis pretiosissimis, ab intus uero uncialibus, ut aiunt, litteris, atque figuris aureis mirifice decoratum; calicem aureum cum patena sua gemmis et margaritis ac smaltis optimis adornatum; planetam *) diapistin listis **) aureis adornatam.* Mabillon Acta Sanctor. Ord S. Benedicti, ad a. 1040 Tomi VI, P. I, pag. 400.

In Parte inferiori uniuersa Bambergensis ditio optimo Principi subditam et ad censum quotannis soluendum paratam se profitetur, nouem geniis coronatis. Primus coronam lauream in manu tenet; secundus globum mundi cum baculo lilia alba ornato; tertius globum imperii, cum cruce rubea; sex uero reliqui genii cornua copiae et pateras tenent. Infra picturam legitur:

Soluimus ecce tibi. Rex censum iure per enni.(sic)
Clemens esto tuis. Nos reddimus ista quot annis.

Hanc excipiunt in fundo aureo quatuor foliis depicti Euangelistae, cum suis insignibus, et cuilibet adscripto uersu:

Res notat hic hominis Matthaeus scriptor herilis.

*

Vt Leo uoce fremit Marcus, tum talia scribit.

*

Ore

---

*) i. e. Casulam subuiridem (*grünschillernd*) differt a colore ueneto. Vid. *Du Fresne* Glossar. uoce *diapistar*.
**) i. e. marginibus, fimbriis.

Ore canit uituli Lucas miracula Chrifti.

*

Aftra uolando petens pandit fecreta Ioannes.

Sequuntur Euangelia fumma diligentia exarata, uariisque hiftoriis, fuper fundum aureum pictis, ornata.

CODEX III.

Alius Euangeliorum codex Saeculo XI nitide fcriptus, longitudine, unius pedis cum uno pollice, latitudine decem pollicum. Aurum teguminis puriffimum eft, et coronarum 229 pondus habet, cum 110 lapidibus pretiofis rudibus. Carniolae Neptunus incifus eft. Effigies Apoftoli Paulli ex onyche opere anaglypho excifa. 2 occhj di gatto, et 72 margaritae adfunt In medio tegminis aurei in ebore magno artificio incifa eft S. Maria moribunda, cum infcriptione graeca. Η ΤΟΚΟΥ ΚΟΙΜΙC (ἡ τῆς θεοτόκου κοιμησις, *Deiparae dormitio.*) *)

In

*) Habui elegantem picturam graecam Saec. XIII aut XIV, figurarum XXVIII, in tabula lignea, altitudine 15 poll. latit. 11½ pollicum. In fundo aureo depictus eft obitus Mariae, circumdatae angelis fanctisque; addita infcriptione Η ΚΟΙΜΗC ΤΗC Θκu. Ἡ κοιμησις της θεοτόκου, *Obdormitio Deiparae.*) Nunc haecce tabula eft in Bibliotheca Vniuerfitatis Goettingenfis. In graeca ecclefia Feftum die XV Augufti celebratur ἑορτη της κοιμησεως, *feftum dormitionis feu obdormitionis*, quia uerbum κοιμαω, *dormio, obdormio*, in nouo teftamento metaphorice pro *morior* ufur-

In primo folio pictura pulcherrima Imperator ueſtitu imperiali conſpicuus, capite tricuſpidem coronam auream geſtans, gemmis ornatam, throno aulaeis caeruleis, quibus ſuperne quaſi lilia ſunt intexta, ornato, inſidet, tenetque manu ſceptrum longum ſ. baculum, in cuius ſummitate globulus eſt aue ornatus, ſiniſtra autem manu globum imperii praefert aureum, cui medio inſcripta eſt crux alba. A dextra duo archiepiſcopi ſtant cum ſuis palliis, dextra librum geſtantes; (forſan Archicancellarius et Archicapellanus) a ſiniſtra uero tenet Archimareſcallus Imperii laeua enſem, in uagina reconditum. A tergo conſpicitur alter palatinus, ſiue miniſter aulicus, dextra lanceam, ſiniſtra uero grandiorem tenet clypeum. In altero folio, e regione prioris folii, accedunt ad Imperatorem quatuor coronatae feminae, (tamquam

uſurpatur. Factum autem id a Graecis eſſe putat Lambecius, in diario itineris ſacri Cellenſis, pag. 28, ut indicarent, alienos ſe eſſe tum ab haereſi Collyridianorum, qui Mariam mortis prorſus fuiſſe exper. tem: tum ab altero Antidicomarianitarum, qui eamdem cruentum ſubiiſſe martyrium crediderunt: hinc κοιμησιν, *dormitionem,* leuioris ſignificationis uocem, prae uoce θανατος, elegiſſe. Etiam Latini olim uocem *dormitionis* adhibuerunt. Vid. *I. A. Schmidii* Proluſiones Marianae X. Helmeſt. 1733. 4. c. praefat. *I. L. Moshemii,* pag. 133.

quam genii regnorum,) quarum quaeuis corpore inclinato donum fert, addita epigraphe: ScLaUiNia, GERMaNia. GaLLia. RomA.

Prima quidem Femina, fupra quam uocabulum ROMA fcriptum eft, utraque manu, fuper rubro, et aureis fimbriis infigni, panno, adportat quoddam uas aureum, auro et gemmis, ut uidetur, repletum. Altera Femina, quae dicitur GALLIA, geftat dextra ramum laureum nouem foliorum, tamquam fymbolum uirtutis et uictoriae; finiftra tangit tergum Romae. Tertia Femina eft GERMANIA, quae aureum cornu copiae auro gemmisque repletum offert. Quarta fequitur SCLAVINIA,*) quae dextra gerit globum aureum, fine crucis tamen figura.

Ante euangelia eft effigies S. Matthaei, in fundo aureo depicta, addito hexametro:
Per conforme fui Matthaeum cerne notari.

Sub Initium S. Marci:
Ifte Leo factus fortes denuntiat actus.

S. Lu-

---

*) Pro *Sclauonia* antiquis temporibus etiam fcribebatur *Sclauinia*. Cuius fcripturae exemplum reperimus in diplomate apud Gewoldum. Metrop. T. I, p. 87, in quo Arnulfus Rex anno 891 quamdam iuris fui Capellam, *in Sclauiniae partibus, quae Liburna uocatur, confiftentem*, Ecclefiae Frifingenfi donauit. Eaedem figurae absque nominibus confpiciuntur in Codice Henriciano apud S. Stephanum. Vid. fupra, pág. 140. C. G. Schwarz diff. de S. R. Imp. Archifcutifero, §. VII. Id. *vom Erzfchildberrn - Amt*, pag. 15 feq.

S. Lucae:
Fonte Patrum ductas bos agnis elicit undas.

S. Iohannis:
Hic facies aquilae prodit fcribente Ioanne.

Varias horum animalium fignificationes illuftrat *Iac. Thomafii* differtatio: Infignia quatuor Euangeliftarum. Edit. 2da. auct. Ienae, 1672. 4. §. 30 feq.

CODEX IV.

Alius Codex quatuor Euangeliorum, Saeculo XI exaratus, longitudine unius pedis, latitudine 9 pollicum. Tegumen auro ornatum eft ponderis 142 coronar. cum dimidia, 61 lapidibus pretiofis, 16 margaritis praegrandibus, et permultis minoribus.

In primo Codicis fplendidiffimi folio Chrifti imago confpicitur, globum mundi tenentis; ftipata eft imago in angulis quatuor Euangeliftarum imaginibus. Leguntur ifti uerfus:

Pax bonitas uirtus Lux et fapientia Chriftus
Signiferum fupra tenet et generale quod infra
Hoc ope diuina Paradifi calcat amena
Et uelut hic ftando Victoris figna gerendo.
In fuprapofitis animalibus atque figuris
Flumina lege pari dat myftica quatuor orbi,
Qui fitit, inde bibat, faluus per faecula uiuat.

Ad S. Matthaei effigiem fequentes uerfus adfcripti funt, et fic porro reliquis Euangeliftis:

Prodit imago minor quod fit fubftantia maior,
Fit caro iuncta Deo res pro titulante Matbeo.
*
Ecce Leo fortis tranfit difcrimina mortis,
Fortia facta ftupet Marcus qui nuncia defert.
*
Agnus, qui moritur, noua gratia Chriftus habetur,
Ruminat ore bouis Lucas archana tonantis.
*
Maximus ecce gigans fçandit fuper aftra trium-
pbans,
Comprobat ifta uidens fublatus in ora Ioannes.

CODEX V.

 Liber Euangeliorum, Saeculo XII fcriptus. Longitudine unius pedis, latitudine octo pollicum cum dimidio. Tegumen aureum 220 coron. pondere eft. Ornatur duodecim magnis granatis orientalibus, 100 aliis lapidibus pretiofis, et 26 unionibus.

 In anteriori eburneo tegumento Chrifti baptifmus confpicitur, in altero uero crucifixio.

III.

DESCRIPTIO CODICVM MEMBRANACEORVM A S. HENRICO IMP. ECCLESIAE BAMBERGENSI DONATORVM.

In Bibliotheca Cathedrali.

Codex Bibliorum integrorum, excepta Apocalypſi. In fol. Saec. IX.

In fronte leguntur hi uerſus inter oblongas transuerſas et uerſicolores teſſellas auro argentoque exarati:

Incipiunt uerſiculi Albini Magiſtri. *)
In hoc quinque Libri retinentur Codice Moyſis
Bella Ducis Ioſue, Seniorum et tempora Patrum,
Ruth, Iob et Regum bis bini namque libelli,!
Atque Prophetarum ſancti bis octo libelli;
Carmina praeclari Chriſti patris hymnica Dauid,
Et tria pacifici Salomonis opuſcula Regis,
Iungitur bis Sophiae Ieſu ſimul atque libellus
Et Paralipomenonis enim duo nempe libelli;

Hinc

---

*) Flacci Alcuini, Alchwini ſ. Albini, Eboraco-Angli, a. 793 in Galliam euocati, qui Carolo M. amicus adfuit et Scholam Palatinam rexit, denatus A. 804. Primus eſt Lambecius, qui hoſce Verſus ex codice Bibliorum Vindobonenſi, ſumtibus Radonis, Abbatis Monaſterii Benedictini S. Vedaſti apud Atrebates undecimi abbatis, A. C. 795 exarato, edidit in ſuis Commentar. de Biblioth. Caeſar. Vindob. Lib. II, cap. V, pag. 403. Sic in codice Bibliorum Vallicellano, (qui nunc Pariſiis eſt) ab Alcuino Carolo M. dicato:

Pro me, quisque legas uerſus, orare memento;
Alcuin dicor ego. Tu ſine fine uale.

Mabillon. Iter Ital. T. I, p. 68. I. D. Koeler de Bibliotheca Caroli M. Altd. 1727. 4. pag. 8, 9.

Hinc Ezrae, Nehmiae, Hester, Iudith atque libelli,
Et duo iamque libri Macbabaea bella tenentes.
Matthaei et Marci, Lucae liber atque Iohannis
Inclyta gesta tenens saluantis secula Christi;
Sanctus Apostolicos Lucas conscripserat Actus;
Bis septem Sancti per chartas dogmata Pauli,
Iacobi, Petri, Iudae, et pia dicta Iohannis,
Scribitur extremo Iohannis in ordine Tomus.
Hos lege tu Lector felix feliciter omnes
Ad laudem Christi, propriamque in secla salutem,
Iusserat hos omnes Christi deductus amore
Alcuinus Ecclesiae famulus perscribere libros.)
Pro quo, quisque legas Lector, caelestia uerba,
Funde preces Domino, deuoto pectore posce,
Vt conseruet eum Christi pia gratia semper,
Et clemens animae requiem concedat in aeuum
Illius aeternum. Semper Laus, Gloria Christo.

Formauit igitur Dominus Adam etc.

Inter lineas ¼ pollicum altitudinis, uariae conspiciuntur figurae, partim auro pictae, quae repraesentant creationem Adami, Euae, et rel.

INCIPIT

---

*) Quatuor hosce uersus exhibuit p. m. Dom. Ignat. Lechner in Cohaerentia Doctrinae theologicae de fide et statu fidei. Bambergae, 1769. 4. pag. 4. Commemorat paucis uerbis alios duodecim huius Bibliothecae Imper. Ecclesiae cathedralis codices biblicos, quos dixi pag. 236.

INCIPIT LIBER GENESIS
Clauditur Codex Epiftola ad Hebraeos.
Explicit Epiftola ad Hebraeos.

* * *

Pfalterium Dauidicum, a. 909 fcriptum textu quadruplici, gallico,*) (qui eft lat.) romano, hebraico et graeco. En fpecimen initii**) Pfalmi primi:

Gallicum

---

*) *Gallicum* quid fibi uelit, nefcio; nifi quod forfitan fignificet, hacce uerfione latina ufam fuiffe ecclefiam gallicanam, cui etiam peculiarem quemdam Canonum codicem tribuunt non nulli. Vid. Ioh. Cph. Rudolph Progr. de Codice Canonum, quem Hadrianus I Carolo M. dono dedit. Erlangae, 1754. 4. pag. 7 feq. Lingua uetus gallica cum latina mixta, fiue Romance, ruftica romana, opponebatur dialecto *walonicae*, fiue linguae galicae f. celticae originali. Vetuftiffimum fpecimen τοῦ *Romance* eft iusiurandum Ludouici germanici, et fubditorum Caroli Calui A. 843; in Leibnitii Collectaneis etymologicis, p. 181. Dictionnaire Roman, Walon, Celtique et Tudefque etc. Par un Religieux Bénédictin de la Congregation de St. Vannes. A Bouillon, 1777. 4.

**) Graece: Μακαριος ανηρ, ὁς ουκ επορευθη εν βουλη ασεβων, και εν ὁδω ἁμαρτολων ουκ εςη. Scriptor codicis male legit *epireuthi*.

Codices

Gallicum.

Beatus uir qui non abiit in consilio impiorum et in uia peccatorum non stetit.

Romanum.

Beatus uir qui non abiit in consilio impiorum et in uia peccatorum non stetit.

Hebraicum.

Beatus uir qui non abiit in consilio impiorum et in uia peccatorum non stetit.

Graecum.

Makarios anir os uc epireuthi en buli asebon et en odo amartolon vc esti.

Miror, huius codicis fcriptorem nec gallicam linguam, nec hebraicam intellexiffe, ut uerba hebraica et gallica exprimere poffet, eodem modo, ac in graeca uerfione feptuagintauirali. Fere femper idem textus uerfionis latini repetitur.

Iam Origenis *) aeuo Codices Verfionis graecae exarabantur litteris latinis. Vidi a. 1760 Veronae in bibliotheca ecclefiae cathedralis, peruetuftum Pfalterium graeco-latinum, cum adnexis Canticis Mofis, Deborae, in membrana fcriptum, **) eodem, ac bambergenfis Codex, modo, u. c. *Macarios anir*; Pf. XCV: *oti quirios ebafileufen apo xilu*; (ὅτι κυριος ἐβασιλευσεν απο ξυλου, quoniam Dominus regnauit a ligno.)

Praemittuntur Pfalmis Verfus fequentes, litteris rubris praegrandibus fuperficiei aureae infcripti:

Nongentis pariterque nouem labentibus annis,
Ex illo carnem quo fumfit tempore Chriftus,
Filius Arnulfi Regis cum fceptra teneret

Annis

---

*) A. C. 231 perfecit fua Hexapla. Vid. Montfaucon Praelim. in Hexapla Origenis, C. IV.

**) Vid. Don *Iuan Andres*, amici noftri, Cartas familiares, Vol. III, en Madrid, 1790; fiue Verf. germ. *Reife durch verfchiedene Städte Italiens*, Weimar, 1792. 8 mai. Vol. II, pag. 227 feq.

Annis biſſenis Iuuenis Hludouicus *) *berilis,*
Mente humili pollens (fic)
    Salomon pietate redundans
Tertius a priſcis et eodem nomine dictus,
Quos ſibi Pontifices legit conſtantia diues
Preſul**) *et abbas ſimul meritis electus opimis.*
Scriptores caute uarios indagine luſtrat
Hoc et Pſalterium docte collegit in unum, etc.

    Pſalterium. Saec. X.

    Editio communis et haec uulgataque fertur.

    Aliud, cum gloſſa in margine. Saec. XI, ni fallor.

    Pſalterium in forma quarta maiore, Saeculi XIV, Tegmine corneo picto, litteris initialibus aureis nitidiſſimis.

    Codex Euangeliorum; Saeculi VIII in forma, ut uocant, quarta minore.

    Codex Euangeliorum. Saeculi XI. fol. ſi-ue forma, ut uocant, quarta maiore.

                              Figuris

---

*) Ludouicus IV Rex, (Infans dictus) tunc fedecim annos natus, ultimus Carolidarum in Germania furculus, a. 911 diem obiit fupremum. Praeter Hattonem, Archiep. Mogunt. Salomon quoque, Conſtantienſis epiſcopus, magna apud eum auctoritate ualuit. Vid. Ill. Gattereri commentat. hiſtorica de Ludouico' IV Infante, Germaniae rege impubere. Goettingae, 1759. 4mai. pag. 15 feq.

**) Praeter Hattonem, Regis tutorem, Adalberonem, epiſcopum Auguſtanum, magiſtrum et morum praefectum, hiſce uerbis laudari puto.

Figuris et litt. capitalibus, totam paginam purpuream occupantibus, lineis prioribus capitum auro, proximis argento, ceteris atramento descriptis.

Liber Euangeliorum in quarta forma, Saeculo XI scriptus, inuolucro e rubro damasceno serico. Sub initium Euangeliorum est imago S. Henrici, Mariae sacrificium offerentis, cum addita epigraphe:

HEINRICVS REX PIVS.

Imagini Mariae adscriptum:
SANCTA MARIA θεΟΤΟΚΟC. (*Deipara.*)

Commentarius in IV Euangelia; lingua theodisca.

Liber Euangeliorum, in fol. Saeculo XV. exaratus. Tegmen argenteum solem lunamque repraesentat.

Biblia Vet. Test. excepto Libro II Maccab. Saec XII.

Epistolae D. Paulli, cum prologo S. Hieronymi. Saec. XII.

Biblia integra. fol. max. 3 Vol. Saec. XIV.
— — fol. min. 2 Vol. Saec. XIV.
— — fol. uno Volumine. Saec. XIV.
— — 4to. uno Volumine, membrana tenuissima, fuscissimo atramento, lineis litterisque presse cohaerentibus, marginibus et sulcis aequalibus, picturis ad initia elegantissimis,

mis, pictis litteris capitalibus a summo margine ad imum. Ita D. Ignat. Lechner istum Bibliorum codicem descripsit in diss. de cohaerentia doctrinae theol. de fide, pag. 5.

Biblia integra. fol. max. laminis bullisque orichalcinis munita.

Libellus Gradualis, *) Saec. XI scriptus.

Extima tegumenti eburnei facies repraesentat effigiem S. Petri Apostoli, posterior S. Paulli, nitide depictas, cum horum nominibus graecis

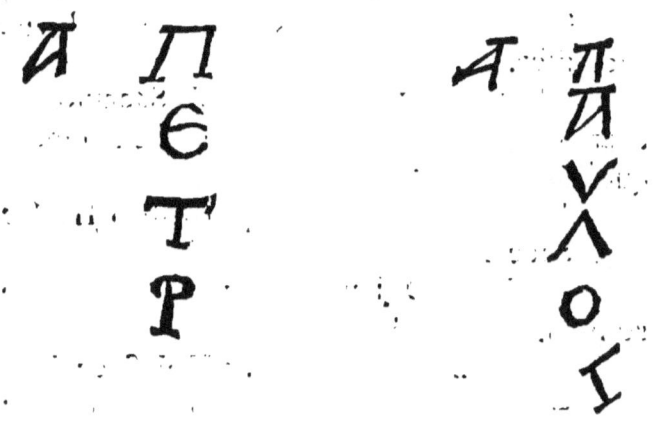

Codex

---

*) *Gradale,* siue *Graduale responsum,* uel responsorium. Honorius Augustodun. L. I, c. 96: *Graduale a gradibus dicitur, quia in gradibus canitur. Hoc etiam Responsum uocatur, quia choro cantante, ab uno uersus respondetur.* Gradale officium opponitur *nocturnali,*

Codex quinquaginta foliorum eſt oblongus, formae anguſtioris, altitudine $10\frac{1}{2}$ pollicum, latitudine $4\frac{1}{3}$ poll in ſuperiore parte rotundae formae. In dorſo folii primi legitur titulus:

LIBEL
LVS
GRADVA
LIS.

Gradualia incipiunt ab Aduentu. Ad Paſcha ponuntur Litaniae, in quibus, facta inuocatione pro pontifice, Imperatore Henrico Cunegunda, fit etiam *pro nobiliſſima prole regali.* *) Eas exhibet Sollerius in Actis SS. Iul. T. III, p. 729. Vid. ſupra, pag. 37.

Notae muſicae uerbis ſuperſcriptae cernuntur hoc modo:

AD TE LEVAVI ANIMAM
MEAM DEVS MEVS INTE CONFIDO

li, unde officium diurnum ſignificare uidetur. Capit. Caroli M. a. 789, cap. 78. Primum, quantum ſcio, Graduale typis exſcriptum eſt Baſileae per Mich. Wensler et Iac. Kirchen, 1488. 4.

*) Magis haec confirmantur uerbis diplomatis Henrici apud Herrgott, Vol. II, p. 105 ad annum 1019: *Specialiter tamen in dilectiſſimam noſtram coniugem Kunigundam Imperatricem Auguſtam,* qui in Chriſto ſumus una caro.

Vid. immortalis Praesulis San - Blasiani, Domini *Martini Gerberti*, opus De cantu et musica sacra, T. I, 1774. 4. et Eiusdem Scriptores De Musica sacra potissimum. T. I. et II. Typis San - Blasianis, 1784. 4 mai. D. Ioh. Chrysostomus Trombelli in Arte di conoscere l'età de' Codici latini, e italiani, (Bononiae, 1778. 4 mai) pag. 107 ita: *Io ho un Rituale quasi sul principio dell' undecimo secolo tutto ripieno di note, che sembrano regolatissime, ma queste sono appena accennate, senza chiave, e senza riga alcuna, ma poste in campo, per così dire, aperto. In altri libri Ecclesiastici dell' undecimo, o duodecimo secolo vi è la chiave, e la riga: e se la chiave per avventura vi manca, viene indicata dal colore della riga, che d' ordinario è una sola, poiche se è rossa, indica la chiave di F fa ut; se gialla, di C sol fa ut, e con ciò si regola tutto il canto.*

Pars secunda Gradualis, magnitudine, forma, et foliorum numero praecedenti par est. In dorso folii primi legimus: NOMEN DOMINI NICHOLI BENEDICTI etc. Sequuntur Responsoria Gradualia et Alleluia cum uersibus integris Dominica IIII ante nat. Domini. In tegumento eburneo conspicitur inscriptio graeca:

I͞C

Bibliothecae Cathedralis.

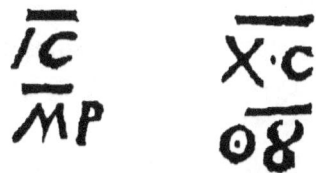

Ιησους χριστος. Μητηρ Θεου.

Compendium scribendi ȣ pro ου sub finem saeculi X adhibitum fuisse uidetur.

Hosce Libros Graduales ab ipso Imperatore in choro usitatos fuisse, testatur Litania, et expressio nominum.

* * *

Missale in forma quarta minore, circa a. 1040—49 scriptum, quod patet e *memento mortuorum*, in Canone:

Memento Henrici et Henrici Imperatorum, Chunegundae Imperatricis, Clementis Papae, Eberhardi Episcopi, Hartuingi, Adalberonis, Piligrini, Popponis, Heimonis, Bennonis Macelini, Luttigeri, Herewardi, Gunzonis, Wazonis, Acelini, Udalrici, Adelgeri, Egilberti, Durandi, Popponis Patriarchae. Eberhardi tantummodo atque Clementis episcoporum fit mentio, inde sub tertio Bambergensium Episcopo Hardouico intra A. C. 1040—1050 scriptus esse debet Codex.

* * *

De Vita et miraculis Henrici Imperatoris et Cunegundis. Misit apographum Fredericus Fornerus, Suffraganeus Bambergensis, (†5 Dec. 1630)

1630) ad Iac. Gretferum, S. I. qui auxit exemplum codicis Rebdorfenfis ex hocce Bambergenfi, adhibuitque fuae editioni Diuorum Bambergenfium, typis Sartorianis, Ingolftadii, a. 1611 excufae. *)

In Bibliotheca publica Norimbergenfi duo funt infignes codices eiusdem argumenti.**) In uetuftiori, A. 1441 fcripto, legimus:

Incipit Liber de geftis et miraculis beati Henrici Imperatoris et Confefforis.

Habet prolixam fex foliorum Praefationem, ac omnium rerum geftarum compendium, quod Gretferus in *Diuis Bambergenfibus* non exhibuit.' ,Poft hanc Praefationem repetitur titulus. Diuifum dein eft opufculum in certa capita, nullis tamen numeris additis. Caput uero, quod his uerbis incipit: *Denique epifcopatum* etc. ac in ordine eft fextum, definit cum uoce *Georgio.* Reliqua uerba, quae apud Gretferum leguntur, in MS. hoc fingula defunt. Addita tamen ab alia et fubtiliore manu ad oram eius inferiorem leguntur. Sequentia Gretferi capita a capite 8 ufque ad 20 cum omnibus ab eo adpofitis diplomatibus abfunt. Textus uero rurfus incipit cum uerbis: *Quanta eius.*

*) Vid. Acta Sanctor. m. Mart. T. I. pag. 268.; Inferti etiam Tomo I Scriptor. rer. Bamberg. I. P. Ludewigii.

**) Vid. mea memorabilia Bibliothecarum publicar. Norimb. et Vniuerf. Altdorfinae, P. I, pag. 245 feq.

eius. Confirmatio uero Ecclefiae Bambergenfis Priuilegiorum, et Litterae Benedicti VIII Papae abfunt. Inde incipiunt *Miracula Henrici*, longe plura tamen, quam apud Gretferum. In contextu ipfo diuerfae lectiones reperiuntur plurimae, et aliquando non penitus contemnendae. In calce leguntur ifta: *Explicit hoc opus 1441 die XXIII Iulii Fr. Iohannes Rofenbach ord. Praedicatorum conuentus Nurenbergenfis ipfum ingroffando, rubricis fignando, hanc tabulam fcribendo colligendo b' m'ltum laborauit et anno etc. quibus fupra compleuit. Orate pro eo.* Poft uitam Henrici, fequitur *Vita Kunigundae*. Et haec quoque in permultis ab editione Gretferi fummopere differt.

Alter Codex MS. totam quoque hanc de Henrico et Kunigunda recenfet uel hiftoriam, uel Legendam. Titulus eius talis eft: *Incipit Liber primus de uita et geftis Sancti Henrici Imperatoris.* Hoc MS. cum Codice Rebdorfenfis Monafterii, ad cuius exemplar MS. Gretferus Diuos fuos Bambergenfes edidit, maximam partem in Henrico conuenit; in Kunigunda autem, ratione editorum ab ea miraculorum, permultum differt. Hoc tamen habet hic Codex Norimb. peculiare, quod *Canonizatio S. Kunigundae* in MS. adfit integra. Ad finem eius legitur de S. Kunigunda *abbreuiata Legenda*, cum imagine eius. Notandum praeterea,

terea, omnes lacunas, quas Gretferus in Diuis ſuis Bambergenſibus, ex adhibitis ſuis Codd. reſtituere non poterat, ex Cod. Norimb. feliciter reſtitui poſſe. Nam Cap. XVIII poſt *officio carebat* legitur: *et matricis uicio contra omnem ſpem ſalutis torquebatur.* In §. *Puella ſciatica* additur: *de Sezzalach.* In §. *Hoc etiam operae pretium* legitur: *adiicere.* In eodem, poſt *ruſticus* additur *cancrinum uulnus.* In §. *De Mi— —* exprimitur nomen loci, et legitur *de Miſchendorf puer contractus.* In §. *Mulier coeca* additur: *alia quaedam de Diebowe.* In §. *De Bodenſtein,* addit Codex: *mulier inſenſata et tremulum caput agitans.* Longe melior et perfectior ergo is ipſe Codice Rebdorfenſi eſt, et ſuperat etiam multis ipſum Codicem Bambergenſem.

A Capite 41 edit. Gretſerianae omnia, uſque ad Cap. 54 incluſiue, in MS. Norimb. abſunt. Vnum tamen, et quod prae caeteris ſingulare eſt, de S. Henrico reperitur miraculum, peculiari pagellae adſcriptum, cuius initium eſt: *Si quis uero ſcire deſiderat, quare glorioſus Imperator claudicauerit* etc. Adnotata Gretſeriana cum hoc Codice MS. Norico in plurimis conueniunt, u. g. In Cap. II. omnia deſiderantur uſque ad uerba: *In faſciis itaque conſtituta.* Cap. VII. Epiſtola S. Kunigundis, quae in eodem Rebdorfenſi Codice aberat, in Codice

Codice Norimb. adeſt. Cap. IX uerba *ubi uelata eſt*, omiſſa ſunt, ſicut in Apographo Bambergenſi Cap. XVII ſingula, et eo quidem modo, prout Gretſerus e Codice Bambergenſi reſtituit, enarrantur. Cap. XVIII integer paragraphus, a Gretſero ex Apographo Bambergenſi in notis additus, ſine ulla fere mutatione legitur. Dein omnia, quae Cap. XIX in eodem Rebdorfenſi abſunt, ac ex apographo Bambergenſi reſtituta ſunt, per aliquot pagellas, in Codice Norimbergenſi ſunt addita. Superat autem is ipſe et prolixitate, et rerum geſtarum et miraculorum copia, Rebdorfenſem Codicem atque Apographum Bambergenſe ſimul. Sequuntur enim nunc in ordine quatuor integrae adhuc paginae, miraculis, uel potius ſomniis, repletae, de quibus Gretſerus ne gry quidem uel in notis ſuis, uel in ipſo textu obſeruauit, et quae deſcribere taedioſiſſimum immo inutiliſſimum eſſet negotium.

* * *

Mag. Conradi Sermo de S. Cunegunde. Incipit: *De throno procedebant fulgura et uoces et tonitrua* cet. (Apocal. II, 5.)

Codex Saec. X. argento exornatus. *Gloſſae de Ordine Romano, et de quatuor orationibus Epiſcoporum, ſiue populi in Miſſa Autbore Amolario, primum Abbate, poſtea Treuirorum Epiſcopo.*

Librarius ita in fine: *Quam dulcis eſt nauigantibus portus, ita ſcriptori nouiſſimis uerſis legentes in libro iſto conſcripto. Orate pro ipſo, ut ueniam mereatur a Chriſto, quam preſtat uobis ab ipſo, pro indigno Clerico Reginpoldo, quia ipſe laborauit in iſto libro.*

* * *

Liber Ritualis et Collectarum, in folio, ex quo quotannis in Feſto Inuentionis Crucis uinum (*der Kreuzwein*) benedicitur.

In tegumine ſuperiori Crucifixi eſt imago argentea deaurata, atque Mariae cum Iohanne.

* * *

Liber Euangeliorum uariorum atque Collectarum, in folio, quo utuntur in iureiurandorum praeſtationibus coram Venerabili Capitulo, atque in Mandato in Coena Domini eo Succentor utitur. In anteriore tegmine icon cruci fixi argentea eſt.

Hi duo libri argenti pondus habent 7 marcar. 3 ſemunciarum, 1 drachmae.

* * *

Chronicon Lobienſe. Edidit Dom. Würdtwein, in Nouis Subſidiis diplomat. T. XII, Heidelbergae, 1792. 8 mai.

* * *

Flauii Ioſephi Libri XX antiquitatum Iudaicarum (περι αρχαιοτατος Ιουδαιων) contra Apionem,

Apionem, e uersione ueteri, quae Rufino
(† 410) uulgo tribuitur. In folio. Saec. XI.
Editi sunt primum absque mentione loci et typographi. fol. mai. Vid. *Denisii* supplem. p.
594. Rufino adscribit, praeter alios, Ioh. Ma-
billonius. Itin. Ital. T. I, pag. 12, ubi descri-
bit codicem bibliothecae Ambrosianae (nunc
Parisiis est) pretiosissimum ex charta aegyptia-
ca, in paruo folio Saeculo V aut VI, haud
multo post Rufini aetatem exaratum scriptura,
qualis aeuo Iustiniani obtinebat. Sed mutilus
est. Continet enim fragmentum ex Libro VII
Iosephi de antiquitatibus Iudaicis, quaedam ex
Libro VIII, tum ex libro VI, rursus ex VII,
denique ex IX et X.

 Integer est codex Bambergensis, auro
gemmisque ornatus. In fronte bina folia, ad-
uersus se inuicem posita, euoluentibus occur-
runt, in quibus tertio eaedem conspiciuntur
propemodum figurae, quae sunt in Codice su-
pra pag. 223. a me descripto.

* * *

Octo Toni cantus choralis.

Primus ut ecce, leua, Virgo, uolo, Lazarus exi.
Postquam, Laudate, genuit, consurge, secundus.
Tertius ut quando, quoniam tonus est, quia
         reddet.
Quartus tota secus ex Aegypto tulit o mors.
Quintus fons omnis. sextus lupus benedictus.

Septimus ut Ioseph, sex scimus, stella tu es.
Nunc
Vltimus ut gaude, Iusti, benedic, veniet flos.

* * *

Bernardi praepositi Papiensis *Summa* siue *Breuiarium Iuris canonici.*

In fine leguntur bi uersus.

Villa boues, uxor, coenam clausere uocatis,
Mundus, cura, caro, claudunt aeterna uocatis.
Clam uidet, dum membra uidet pudibunda parentis,
Iudaei risere Dei mortem patientis.

* * *

Hostiensis Archiepiscopi et Cardinalis Apparatus in Decretales Gregorii noni.

In parte quarta. De sponsalibus et matrimoniis:

Initium huius Partis. Mulier est lege Saxonum ducta, Auctoritate eiusdem legis est relicta, et alia super inducta.

Rupertus septimus Babenbergensis Ep. obiit qui dedit Rotensande et Huppendorff, unde datur seruitium omnibus congregationibus in memoriam sui, et prouidendus est inde sacerdos Altaris S. Viti, et lumen ad sepulchrum eius,
et

et dantur quatuor modii tritici, et omnibus congregationibus très librae pro feruitio.

Dietrich Presbyter obiit, qui dedit Ecclefiae Bibliothecam, Homiliam, Paffionale, et cooperante cognato Efchwino Presbytero, dedit etiam uineas in Talheim, unde datur plauftrum uini et dimidium.

Eberhardus presbyter et cuftos obiit inteftatus, et omnia illius bona Dominis maioris Ecclefiae contigerunt, de quo dantur quatuor uncie de Niufeze, de curia, et de tribus talentis de thelonio.

Chunza foror noftra obiit quae dedit 5 manfos in Bettonfigale.

Wikerus, Malermeifter, obiit, de quo datur Dominis dimidium talenti de Lancheim. Ad lumen f. Nycolai in turri 30 denarii, octo facerdotibus octo denarii. Ecclefiafticis quatuor denarii: fummo Vicario decem denarii, qui etiam debet recipere et diftribuere.

Ulricus presbyter obiit, qui dedit Wineden, quod commutatum eft cum Apoteca in ciuitate et Wiprehtes.

Adelhaid foror noftra obiit, de qua datur dimidium talentum de Apotecis et de Stupa balneari ante hofpitale S. Martini.

Gozpertus Presbyter obiit, qui plures libros contulit Ecclefiae.

* * *

Officium

Officium miſſe grece. Credo enim olim graece cantabatur. Edidit Dom. *Auguſtin Andr. Schellenberger in der Geſchichte der Pfarre zu unſerer L. Frauen in Bamberg*, pag. 63—88. Eſt Codex octo foliorum, in folio. In fine legitur annus 1520. In inuolucro membranaceo nomina illorum conſpiciuntur, qui Officium huius Miſſae graecae celebrarunt.

* * *

Libri impreſſi.

Liber Miſſalis Bamberg. 1490. *fol. mai. In ciuitate Babenbergn. Per magiſtrum Iobannem Senſenſchmidt. prefate ciuitatis incolam et Henr. petzenſteiner.* In membrana, folior. 287.

Agenda Bambergenſia; ſine loci et anni impreſſionis mentione. In membrana.

* * *

Ars memorandi. Saec. XV tabulis ligneis. fol.

Die Legent vnd Leben deß Heyligen Kayſer Heinrichs ꝛc. Gettrukht in der chriſtlich Statt Statt Nürnberg von Hanſ mair am St. Kunigundtag in der faſten nach Chriſti gburth da man gezehlt MCCCClxxxiij jar. 4. c. fig.

IV.

IV.

Aelteste Buchdruckerey-Geschichte Bambergs.

Bamberga eſt felix nimium uicina Mogonzae,
Cantantes ſublime ferent ad ſidera cygni
Nomen, et Pfiſtero dentur ſua praemia laudes.

Nach Maynz iſt Bamberg eines der erſten Druckörter.

1461.

1. Herr Steiner*) hat gezeigt, daß unter Fürſt-
biſchof Georg von Schaumberg Albrecht Pfiſter
1462 in Bamberg gedruckt habe. Es iſt daher
nicht mehr zu zweifeln, daß nicht folgendes Buch
zu Bamberg gedruckt worden iſt:

Sammlung von 85 Fabeln, oder das ſogenannte Fabelbuch, in alten deutſchen Reimen, über
welchen allemal ein Holzſchnitt zu ſehen iſt. Es
ſind dieſes eben diejenigen Fabeln, von welchen
Joh. Georg Scherz aus einer Handſchrift vom J.
1330, nachher in der Schöpfliniſchen Bibliothek,
die jetzt, nach aufgehobener Univerſität, zur Stadtbibliothek gehört, in eilf akademiſchen Abhandlungen von 1704 bis 1710, ein und funfzig drucken
ließ. Nachher gaben einige Gelehrte Helvetiens
dieſe Fabeln ſämtlich aus einer alten Handſchrift
heraus, unter dem Titel: Fabeln aus den Zeiten
der Minneſinger; (Zürich, 1757. 8.) ohne zu
wiſſen,

---

*) In Meuſels hiſt. litter. biogr. Magazin, V St.
S. 1. u. f. Panzers Annalen der ältern deutſchen
Litteratur, S. 48 und 207 u. f. Annal. typogr. Vol.
I, p. 142 ſeq. Vol. IV, p. 233.

wissen, daß diese 85 Fabeln schon 1461 gedruckt waren. Der Verfasser Boner lebte im XIII Jahrhunderte. Von seiner Gemma, oder Sammlung von hundert Fabeln, nach einer Handschrift in der ehemaligen Bibliothek der Johanniterritter zu Strasburg, hat mein werther Freund, Bürger Oberlin, 1782 eine schöne lat. Abhandlung geschrieben, wovon ein Auszug in das siebente Stück des Journals von und für Deutschland, 1791 eingerückt ist.

Es sind 28 Blätter in klein Folio. Die Verse sind nicht abgesetzt, sondern laufen in einem fort. Jede Seite hat meistentheils 25 Zeilen. Die Schrift ist eine plumpe stumpfe Fractur, fast so groß als die, welche Doppelmittel-Fractur heißt. Das Papier ist stark, nicht sonderlich weiß, und hat den Ochsenkopf zum Zeichen.

Am Schlusse steht: Zu bamberg dies puchleyn geendet ist Nach der gepurt vnsers Herren Ihesu crist Do man zalt tausend ende vierhundert jar Und ym einundsechzigsten das ist war. An sant Valenteins tag Got behut uns vor seiner plag. Amen.

Dieses seltenste Buch findet sich bisher nur*)
in

---

*) Ich las es angezeigt in dem geschriebenen alten Catal. Libror. Carthus. Norimb. *Liber similitud. germ.* Es war in der Nürnbergischen Stadtbibliothek noch zu den Zeiten Joh. Sauberts. Denn dieser schreibt ausdrücklich, p. 116. Hist. Biblioth. Reip. Nori-

in der vortreflichen Herzoglichen Bibliothek zu
Wolfenbüttel.*) Herr von Heinecken hat es im
zweyten Theile seiner Nachrichten von Künstlern
und Kunstsachen (Leipz. 1769. gr. 8. mit Fig.)
S. 21 angeführt,**) auch den ersten der Holzschnitte, deren 101 sind, nachschneiden lassen. Am ausführlichsten beschrieb es Herr Lessing, in seinem ersten Beytrage znr Geschichte und Litteratur S. 3.
u. f. Die Figuren sind, wie leicht zu erachten, er-
bärmlich. Jedes Holzstöckchen ist 4 Z. breit 3
(pariser) Zoll hoch. Vor jedem dieser Holzschnitte
steht noch ein anderer schmalerer, 3 Z. hoch 1 Z.
breit. Er soll Aesop vorstellen, oder einen Phi-
losophen.

Auf

Noribergensis. Norib. 1643. 12. *Quae ligno incisa
sunt, buc non refero;* u. g. Libellum tabularum et
similitudinum, *ubi sub finem rhythmos hos legeris:*
Zu Bamberg diß Büchlein 2c 2c. Eben so waren auch D. Hartliebs Chiromantey, *Speculum
morientium, speculum humanae saluationis,* da. Denn
er sagt S. 115: *quas editiones bibliotheca nostra publica plerasque omnes sibi uendicat;* und S. 209:
*Atque sic habet syllabus 850 Voluminum ex Bibliothe-
ca Reip. huius confectus.* Diese Seltenheiten müssen
schon im vorigen Jahrhunderte durch diebische Hän-
de entfernet worden seyn, bald nach Saubetts Zeiten. Denn in Joh. Jak. Leibnitzens Bibl. Norimb.
Memorabilibus, Norimb. 1674. 4. c. fig. kommt nicht
das mindeste davon vor.

*) Dieses Wolfenbüttelischen Exemplars gedenket
auch Georg Michael Gertner, in seinem Iubilaeo
typographico bambergensi, S. 14.

**) In seiner Idée générale etc. S. 275, wo sich auch
dieser Holzschnitt befindet.

Auf dem erſten vorgedachten Holzſchnitte ſieht man drey Affen, deren zween Nüſſe von einem Baume ſchütteln; der dritte ſitzt und betrachtet eine Nuß. Darunter ſteht die Erzehlung: Einsmal ein Affe kam gerant Do es viel guter nuſe fand. u. ſ. f.

Dieſem alten Fabelbuche ſind noch zwey andere Stücke (vermuthlich auch zu Bamberg gedruckt) beygebunden. Ein kleines mit eben ſolchen Typen gedrucktes Werk mit fünf Holzſchnitten. Es iſt eine Allegorie auf den Tod, und fängt ſich an: Grymiger abtilger aller leut ſchiedlicher echt vñ verfolger aller werlt u. ſ. w. Hierauf kommen 22 Blätter der deutſchen Biblia pauperum.*)

Sowohl im litterar. Magazine für Katholiken ꝛc. I B. 6 St. S. 641 im Verſuche der älteſten Buchdruckereygeſchichte Bambergs, als auch in Herrn Hofrath Meuſels Magazine VII St. S. 22. u. f. im Aufſatze: Noch etwas, die älteſte Buchdruckergeſchichte Bambergs betreffend, wird behauptet, daß eine ganze lateiniſche Bibel noch vor dem Fabelbuche von Albrecht Pfiſter in Bamberg gedruckt worden ſey. Dieſes wiederholt auch Herr Schneidawind, S. 235 u. f. ſeines Verſuchs einer ſtatiſtiſchen Beſchreibung Bambergs. Allein die in der pohlniſchen Bibliothek 1788 im 9ten Stücke angeführte lat. Handſchrift Pauli de Praga

vom

---

*) Heinecke Idée générale etc. pag. 326.

vom J. 1459 meint wohl nichts anders, als eine lateinische so genannte Bibel der Armen auf Holztafeln geschnitten, wenn es heißt: Libripagus est artifex sculpens subtiliter aureis, ferreis ac ligneis solidi ligni atque aliis imagines, scripturam, et omne quodlibet, ut prius imprimat papyro aut parieti, aut asseri mundo: scindit omne, quod cupit, et est homo faciens talia cum picturis et tempori mei (meo) Bambergae quidam sculpsit integram Bibliam *super lamellas*, et in *quatuor septimanis* totam Bibliam in pergameno subtili praesignauit sculpturam. Wie konnte eine ganze Bibel in so kurzer Zeit mit Holztafeln gedruckt werden? Es war eine sogenannte Bibel der Armen, deren Figuren und Text schon vorher gemalt vorhanden waren. Eine solche gemalte Armenbibel aus dem XIV Jahrhunderte, von 165 pergamentnen Folioblättern entdeckte ich auf der nürnbergischen Stadtbibliothek, und beschrieb sie ausführlich.*) Die meisten Figuren haben unten deutsche und lat. Erklärungen. Die meisten der 48 Figuren des Defensorium inviolate — Dei genitricis Marie,**) und die Historia beate Marie Virginis,***) sind aus diesen entlehnt, welches Herrn Panzer unbekannt war.

Die

---

*) Memorabilia Bibliothecarum publicarum Norimb. et Vniuers. Altdorfinae, P. I, p. 56—65.

**) Herrn Panzers Annalen der ältern deutschen Litteratur, S. 21. Annal. typogr. Vol. I, pag. 391.

***) Heineken Idée générale etc. S. 378.

Die zwo lat. Bibeln mit sogenannten aber nicht mit eigentlichen Missalbuchstaben gedruckt, sind wohl der lat. Maynzer Bibel vom J. 1462 nachzusetzen und Herr v. Heineken*) vermuthete, daß der köllnische Chronikenschreiber vom J. 1499 das was er von der ersten Bibel 1450 sagt, habe vom Psalter 1457 sagen wollen, der wohl schon 1450 angefangen worden.

Nach der Zeilenzahl dieser Columnen giebt es vier dieser Bibeln. Alle ihre Blätter haben zwo Columnen.

Die erste von 36 Columnenzeilen, die man Pfistern jetzt zueignen will, besteht gewöhnlich aus drey Bänden, deren erster 266, der zweyte 310, der dritte 297 große Folioblätter hat. Der Text ist in 2 Columnen gedruckt, jede von 36 Zeilen. Ohne Blätterzahlen und Signaturen. Das i hat oben einen kleinen Halbzirkel. Auf dem ersten Blatte 2 Col. heißen die 2 letzten Linien also:

mam solis mesam videret in sa

bulo. Inuenit ille vir ubique qd'

Das Buch Exodus fängt sich fol. 41 b an. Die erste Columne hat 31 Zeilen.

Das letzt Blatt a col. 2 enthält die ersten 36 Zeilen des Anfangs der Offenbarung Johannis, wovon der sel. Schelhorn**) 18 Zeilen in Kupfer stechen

---

*) Neue Nachrichten von Künstlern und Kunstsachen, S. 234.

**) Er besaß nur zween Bände auf pergamentähnlichem

Geschichte Bambergs

stechen laſſen;*) aber, wie mir einſt Herr Breitkopf ſchrieb, ſehr unaccurat.

Lin. 1 Et oſtendit michi fluuiū a-
    2 que uiue ſplendidū taqᛝ cri-
    3 ſtallū: procedentē de ſede dei et ag-
    4 ni. In medio platee eiᵒ et ex vtra

Lin. 27 Et dns deus ſpīritū prophetarū
    28 miſit angelū ſuū, oſtendere ſer-
    29 uis ſuis q̄ oportet fieri cito. Et
    30 ecce venio velocit. Beatᵽ q̄ cuſ-
    31 todit verba pphetie libri huiᵘ.
    32 Et ego iohannes q̄ audiui 2 vi-
    33 di hec. Et poſt q̄ audiſſem et vi-
    34 diſſem cecidi ut adorarē ate pe-
    35 des angeli q̄ michi hec oſtende-
    36 bat. Et dixit michi, Vide ne fece-

Sie iſt in Leipzig auf der Univerſitätsbibliothek, und in der Braunſchweigiſchen Bibelſamm-
lung.*)

chem Papiere. *Ioh. Ge. Schelhornii* Diatribe de antiquiſſima latinorum Bibliorum editione, ceu primo artis typographicae ſetu et rariorum librorum Phoenice. Vlmae, 1760. 4. pag. 8, 9.

*) In ſeiner Diatribe praeliminari de uariis rebus, ad natales artis typographicae illuſtrandos facientibus, ad *Angeli Mariae* Card. *Quirini* Librum ſingularem de optimorum Scriptorum editionibus, quae Romae primum prodierunt. Lindaugiae, 1761. 4. p. 61 etc. Obſeru. VIII. Fig. VI.

sung.*) Man hat irrig geglaubt, daß diese Bibel in der königl. Bibliothek in Berlin sey.**)

Die Typen dieser Bibel sind vollkommen dem großen geschriebenen Bibelcodex ähnlich, der sich auf der Herzogl. Bibliothek zu Wolfenbüttel befindet,***) nicht aber ganz den Buchstaben des in Holzplatten geschnittenen Donats,****) die völlig denen im Psalter 1457 ähnlich sind. Es ist vielmehr Text-Fractur, (Parangon, Duits), zwar große, aber noch keine Missalbuchstaben. Maffeo Pinelli hatte von eben dieser Bibel einen zweyten Band,*****) welcher 436 Blätter beträgt, und von

---

*) Knochs kritische Nachrichten von der braunschweigischen Bibelsammlung, S. 714.

**) Diese hat noch kleinere Buchstaben. Berlinische Bibliothek, 2tes St. S. 275.

***) Knoch, l. c. S. 698.

****) Heineken Idée générale etc. Tab. II. Catal. de la Biblioth. du Duc de la Valliere, T. II, p. 8, n. 2179 wo zwo Holzplatten des Guttenbergischen Donats abgedruckt sind. Eine solche halbe Platte erhielt der seel. Meermann, die noch sein Herr Sohn im Haag besitzt.

*****) D. Iac. Morellii Bibliotheca Maphael Pinellii, Veneti. T. I, pag. 14, 15. num. 125. Herr Morelli, dessen Freundschaft ich diesen prächtigen Katalog verdanke, führt Schelhorns Schriftprobe an, und schreibt, daß es die nämlichen Lettern sind.

von den Sprüchen Sal. bis zur Offenbarung Johannis geht. Das Theilen der Bibelbände war willkührlich. Die Schelhornische wurde in drey Bände, und diese in zween gebunden. Von jener hatte Vol. I. 266 Blätter, (das Braunschweigische Vol. II. hat 310 Blätter) und Vol. III. hat 297.*) Folglich wenn diese 873 Blätter in zween Bände gebunden sind, so hat jeder 436 bis 37.

P. Alexander bey den Capuzinern in Bamberg, hat neun Pergamentblätter von dieser angeblich Pfisterischen) Bibel gesammlet. Auch ich hatte Fragmente davon von alten Einbänden. In der Bibliothek des Klosters Langheim fand ich 1775 mehrere alte Bücher in solche pergamentnen Bibelblätter eingebunden; ich entdeckte auch daselbst eine Ausgabe der Artis moriendi.**)

Die zwote Bibel von 42 Columnenzeilen besteht aus zween Bünden; der erste hat 321 Blätter, der zweyte 316. Die Columnen der ersten vier Blätter haben 40, die übrigen alle 42 Zeilen. Ohne Signaturen, Custodes und Seitenzahlen. Die Genesis hat die Aufschrift:

incipit liber bresith quem nos genesim

A principio creauit deus celum *dicimus*
et terram. Terra autem erat inanis et
uacua: et tenebre erat super faciē abiſſi.

et

*) Schelhorn Diatribe, pag. 20.
**) Ich beschrieb sie im 2ten Theil meines Journals zur Kunstgeschichte und Litteratur, S. 337 u. f.

et s͞ps d͞ni ferebat ſuper aquas Dixitq₃
deus. Fiat lux. Et facta eſt lux. Et vidit
etc. *)

In dieſer ſind die Typen viel dicker, als in der Schelhorniſchen Bibel, aber etwas kleiner. Die vier letzten Zeilen der erſten Columne des letzten Blattes ſind alſo gedruckt:

Col. 1. lin.

39. Et d͞ns de9 ſpiritū pphetarum miſit
40. angelū ſuū: oſtendere ſuis ſuis que o,
41. portet fieri cito. Et ecce venio velociter.
42. Beatus q₃ cuſtodit uerba prophetie libri

Col. 2. lin.

1. huius. Et ego iohannes q₃ audiui et
2. vidi hec. Et poſtq₃ audiſſē 2 vidiſſē
3. cecidi ut adorarē ante pedes angeli
4. qui michi hec oſtendebat. Et dixit mi,
5. chi. Vide ne feceris.**)

Dieſe

---

*) Achtzehn Zeilen dieſes Anfangs ſind in Fürſtabts Martin Gerberts Itinere alemannico, p. 157, und in der deutſchen Ueberſetzung, S. 150 Tab. VI. in Kupfer geſtochen.

**) Maſch, P. II, Vol. III, pag. 67 ſeq. Heinefen neue Nachr.

Diese Bibel ist in der Paulinerbibliothek in Leipzig, in der ehemaligen königlichen und mazarinischen Bibliothek in Paris, in der königl. Biblioth. in Berlin. Sie ist auf Quinternen gedruckt, so wie der Psalter und Durandus. Der Abbe Sallier verfaßte eine Nachricht von dieser in zween Bänden auf Papier gedruckten lateinischen Bibel.*) Clement **) suchte ihn zu widerlegen, daß es nicht die Bibel von 1450 seyn könne; allein der jüngere Fournier ***) vertheidigte Salliers Meinung. Als Herr v. Heineken 1769 zum drittenmale in Paris war, ****) untersuchte er diese Bibel genau, zeichnete die Anfangszeilen durch Terpentinpapier, und hielt solche gegen die Buchstaben der Maynzerbibel von 1462 in Gegenwart des damaligen Bibliothekaufsehers Lapronier. Sie fanden viele Aehnlichkeit der Typen mit dieser Bibel.

Ein complettes Exemplar dieser Bibel auf Pergament in zween Bänden, ist in der gefürsteten Abtey

Nachr. S. 227, 230, 233. De Bure, Biblioth. instructive, n. 25. Berlin. Bibliothek, I, S. 269. Panzer Annal. typogr. Vol. II, p. 137.

*) Im XIV Bande der Mémoires de l'Acad. des Inscr. et Belles Lettres, p. 254 seq.

**) Biblioth. cur. et crit. T. IV, p. 64.

***) De l'Origine et des productions de l'Imprimerie primitive en taille de bois p. 194 u. f. Journal des Sçavans, 1767. p. 264.

****) Neue Nachrichten von Künstlern ꝛc. S. 228, 230.

Abtey von St. Blasien. Zwey Exemplare fand Herr von Heineken auf der ehemaligen Universitäts- und Johanniterbibliothek zu Straßburg. Den zweyten Theil allein fand er in der Probstey Pollingen.

In meinem vieljährigen Briefwechsel mit dem um die älteste typographische Geschichte sich so verdient gemachten, im Februar 1780 verstorbenes Karthäuser zu Buxheim bey Memmingen, P. Franz Krismer, kam, bey Gelegenheit meiner nürnbergischen Merkwürdigkeiten, S. 689 u. f. auch die Bibel von 1450 vor, an welche man damals steif und fest glaubte. Er schrieb mir im Februar 1779 also hievon: „Ich wünsche, daß „Sie, die Bibel betreffend, welche Sie zwischen „1450 und 55 setzen, keine Gegner finden, deren „ich viele weis, unter welche ich auch billig zähle „den P. Professor auf der Universität zu Prag, „der schon viele Jahre dasige Bibliothek einrichtet, „einen Mann von großer Einsicht, von dem ich mir „vieles hätte zu nutzen machen können, da er vor „etlichen Tagen unsere Bibliothek besuchte, und „alles Vergnügen fand, wenn nur meine Unbäß„lichkeit und die grimmige Kälte zugelassen hätte, „uns länger daselbst aufzuhalten. Es ist der P. „Candidus a sancta Theresia, der vielleicht Ihnen „nicht unbekannt seyn wird, durch die Geschichte „Böhmischer Gelehrten, die er herausgab. Dieser „beschämte den Herrn Schelhorn in Memmingen
„auf

Geschichte Bambergs.

„auf dem erſten Anblick, und ſeine Gründe kön‑
„nen mir nicht mißfallen. Vielleicht werde ich ſol‑
„che Ihnen anzeigen, wenn mir Gott Geſundheit
„verleihet. —

Am 12ten Oct. 1779 ſchrieb er mir hievon
weitläufiger: „Kein P. Candidus a ſancta There‑
„ſia ſoll itzt mehr unter dieſem Namen bekannt
„ſeyn. Ich konnte ſeither von ihm nichts mehr
„erfahren. —

„Nun höre ich, daß er mit ſeinem Geſpan
„(relata refero) ſeine gelehrte Reiſe bis nach Bern
„in der Schweiz gemacht, wo beyde Calviniſch ge‑
„worden, und die Diplomatik lehren mit einem
„monatlichen Gehalt von 13 Gulden. Ich war‑
„tete alſo vergebens auf ſeine Zurückkunft nach
„Prag, von wannen er mich zu belehren verſpro‑
„chen von der Nichtigkeit der angegebenen 1450,
„53 und 55ger Guttenbergiſchen Bibel. Er
„wollte nämlich von mehrern dergleichen Lettern
„wiſſen; aber ich glaube ihm nichts mehr. Daß
„ich mich aber nicht kann überreden laſſen, daß ſie
„wirklich im J. 1455 vollendet worden, iſt fol‑
„gendes die Urſache. Erſtens kenne ich zwo ver‑
„ſchiedene Bibeln, welche gleichen Anſpruch ma‑
„chen. Eine iſt die bewußte Schelhorniſche. Die
„andere aber beſchreibt P. Martin Gerbert, wirk‑
„lich regierender Fürſt zu St. Blaſi im Schwarz‑
„wald, in Itinere Alemannico, p. 157 u. f. und
„eben dieſe ſcheint mir deswegen ein größeres Vor‑
„recht

„recht zu besitzen, weil sie ganz auf Pergament ge-
„druckt ist. Vielleicht sind noch mehrere, welche
„gleichen Vorrang erheischen. Welche nun aus
„diesen ist die ächte? Glaublich keine: oder we-
„nigstens ist alles ungewiß. Zweytens, sehe ich
„nicht, wie zu erweisen, daß diese, oder die andere,
„mit geschnittenen Buchstaben soll gedruckt worden
„seyn, indem weit schlechtere Werke vorhanden,
„welche dennoch mit gegossenen Lettern zum Vor-
„schein gekommen. Schelhorn in Diatriba prae-
„liminari fodert von uns zu viel, wenn er uns
„aufbürden will zu glauben, daß das Psalterium
„vom Jahr 1457 und andere Werke, die er von
„pag. 19 et seq. angezogen, mit geschnittenen, doch
„beweglichen Lettern seyen gedruckt worden. Die
„wenigsten sind es, wie gar wohl zu erweisen.
„Zum dritten frage ich: Ob erst im Jahre 1455
„die ersten drey Lagen, jede von vier Bogen, oder
„schon die ganze Bibel, fertig gewesen? Ist
„das erstere, so ist die Frage: Wann und durch
„wen sie sind verfertigt worden? Guttenberg und
„Faust waren damals einander schon in Haaren,
„und bald darauf trennten sie sich gar. Daß die
„ersten drey Lagen mit geschnittenen, und dann
„erst die ganze Bibel mit gegossenen Buchstaben
„gedruckt worden, sind Träume. Sagt man aber,
„die ganze Bibel sey damals schon fertig gewesen,
„so frage ich: Was dann dem Guttenberg der
„Proceß, den ihm Faust angekündet, würde gescha-
„det

„det haben? Nicht wahr, er hätte dazu gelacht.
„Denn weil die Einlage gleich war, und sie mit
„einander in Gesellschaft stunden, so hätte ja die
„Theilung auch gleichen Gewinn bringen müssen,
„durch welchen Guttenberg allezeit wäre in Stand
„gesetzt worden, entweder Fausten mit baarer Mün-
„ze zu bezahlen; oder, wenn die Exemplarien nicht
„sogleich konnten verkauft werden, so war doch der
„Werth darauf, für welchen er allezeit Bürgen ge-
„nug hätte finden können, ohne daß er seine Pressen
„und den Druckereyzeug hätte müssen im Stiche
„lassen. Da er aber dessen dennoch verlustiget ge-
„blieben, so muß das Bibelwerk*) schlecht von
„statten gegangen seyn: ja es scheint, sie seyen gar
„daran verstricket.**) Und eben dieses mag die
„Ursache gewesen seyn, daß, da Faust sah, es wäre
„auf diese Art nichts auszurichten, und da er sei-
„nen Aufwand schon für verlohren gab, er Gut-
„tenberg gerichtlich verklagte, um doch den An-
„theil, den ihm dieser schuldig war, noch zu retten.
„Und

*) Wie läßt es sich nur als wahrscheinlich denken, daß
Albrecht Pfister, oder andere, vor 1462, eine ganze
Bibel, ein so kostbares Unternehmen, sollten zu stande gebracht haben, ohne daß der pfiffige Faust es
erfahren hätte? Die maynzer Officin brachte so
lange mit den ersten 12 Bogen zu, und diese koste-
ten so viel, daß erst 1462 die ganze lat. Bibel fertig
wurde, die unstrittig die erste ist.

**) Damals. Aber, als Guttenberg verdrängt war,
hatte der wohlhabende Faust und sein Eidam Schöffer Mittel genug, fortzudrucken, und sie am 14ten
August 1462 zu vollenden.

„Und eben darum kann ich solches Fausten für kei-
„ne Gewinnsucht anrechnen, sondern muß vielmehr
„bekennen, er habe vorsichtig gehandelt.*) Wenn
„der Cölnische Chronikschreiber Ulrich Zell, als ei-
„nen Augenzeugen, anführt, so glaube ich es in so
„weit, als ich seinen andern Zeugnissen Glauben
„beymessen darf; allein wenn man dieses Chronik-
„schreibers Lügen ausmustern sollte, so würde es
„wahrlich ein Chronicon nimis contractum
„werden. Der Abt Tritenheim sagt nicht, daß die
„ganze Bibel zu stande gekommen: er meldet nur
„von nicht gar drey Lagen, und bringt Beschwer-
„nisse genug bey, welche das ganze Werk hätten
„ins Stecken bringen können.„

Es passet hier zu des sel. Krismers Urtheile,
eine wichtige Stelle aus Herrn Breitkopfs Schreiben vom 28 Aug. 1778: — — „Ich glaube
„die Wege ziemlich nachgespühret zu haben, welche
„Guttenberg zu seiner Erfindung gegangen ist.
„Die in Holz geschnittenen Bücher haben daran
„sehr wenigen Antheil, so wie die hölzernen Buch-
„staben Trithemius ist in meinen Augen kein
„ächter Zeuge von der Geschichte der Kunst, und
„ich hoffe seine zusammen gestoppelte Erzählung in
„ihren Quellen gefunden zu haben. Die neuen
„von

---

*) Faustens Gewinnsucht und die Parteylichkeit der
Richter erhellet gar zu deutlich aus dem ganzen Pro-
cesse in Köhlers Ehrenrettung Guttenbergs. Faust
suchte sich dessen Druckerey zu bemächtigen, und dieses gelang ihm per fas et nefas.

Geschichte Bambergs.

„von mir gesuchten Wege haben freylich nicht so-
„gleich gefunden werden können, und manchmal
„werden sie noch durch Hecken und Schutt unter-
„brochen und verdeckt, daß ich aufgeben maß, sie
„ganz rein zu machen, und meine Nachfolger das
„übrige thun mögen. Die Herren Holländer dürf-
„ten am wenigsten zufrieden seyn, daß ihre Fabela
„chronologisch, und wenn ich so sagen darf, genea-
„logisch, erzählt werden. Doch ich kann nicht da-
„für, daß ich es so gefunden habe, und ich verehre
„die Unpartheilichkeit des Herrn Meerman noch im
„Grabe. Ob sein Werk gleich alles thut, was
„man von einem Patrioten erwarten kann, so zei-
„gen mir doch seine Briefe seine Gesinnungen und
„seine Art zu denken, die so ist, wie sie von einem
„Manne seyn wird, der edel denkt, und die Wahr-
„heit sucht und liebt. Vielleicht war dieß der
„Grund, daß Er und Herr Enschede nicht ganz
„Freunde waren, ob sie schon Freunde einer Sa-
„che sind.„

Eine dritte Bibel in großem Folio, wie beyde vorhergehende, hat 47 Columnenlinien. Sie ist
in der propsteylichen Pollingischen Bibliothek; aber
nur der erste Theil. Die Columnen der ersten
Seite haben 44 Zeilen, alle übrige aber 47. Der
Band endigt sich in tergo mit den Worten:

lacois ois spus laudet dnim All'a.

Das vortrefliche Werk Herrn Breitkopfs*)
wird

---

*) Er überschickte mir 1778 sein MS. von der Holz-
schnei-

wird zeigen, daß es spätere Bibeln sind. Es heißt hier dies diem docet. Wie lange glaubte man eine erste deutsche Maynzer Bibel von 1462!

Man weis jetzt, daß die erste deutsche Bibel von Johann Mentel 1466 zu Strasburg auf 405 Blätter, oder 204 Bogen in Folio gedruckt ist. Jede Columne hat 61 Zeilen. Sie ist in der Bibliothek der Dominicaner in Bamberg, und zu Nürnberg in der Stadtbibliothek, auch in der altdorfischen Universitätsbibliothek. Die vormals so genannte Maynzerbibel ist ein von Heinrich Eggestein in Strasburg nach 1466 veranstalteter Nachdruck der Mentelischen. Sie hat 403 Blätter, oder 201 und einen halben Foliobogen. Jede Columne hat 60 Zeilen. Die Typen sind die nämlichen, wie beym Apparatu Decretalium Innocentii IV. Argentor. 1478. fol. Sie ist auf der Nürnbergischen Stadtbibliothek, auch in der Ebnerischen, deren Exemplar 402 Blätter hat. Die erste lateinische Bibel ist mit Gewißheit keine andere, als die zu Maynz 1462 gedruckte auf 481 Blättern in groß Folio.

Eine

---

schneidekunst, und von sinesischen Holztafeln zum Durchsehen. Ich suchte ihm 1780 die Alphabete der Propaganda aus Rom zu verschaffen, aber damals war es nicht thunlich. Jetzt werden sie in Paris allgemein gemacht. Ich erhielt auch 1781 einige Probebogen seiner Buchdruckereygeschichte.

*) Steigenbergers Abhandl. über die zwey älteste gedruckte deutsche Bibeln, S. 35 und 53.

Eine vierte Bibel von 49 Columnenzeilen ist im Kloster Neuburg bey Wien, (dieses hat Herr Braun und Panzer nicht bemerket) und in der Bibliothek der Benedictiner zu St. Ulrich und Afra in Augsburg.*) Sie war auch in der Crevennaischen Büchersammlung in Amsterdam. Herr v. Heinecken beschreibt die zu Neuburg entdeckte.**) Sie ist, wie alle vorigen, in zwo Columnen, jede von 49 Zeilen, gedruckt, mit größern mentelischen Typen, (daher sie Herr Panzer zu den straßburger Drukken setzt) wie aus pag. 4 und Tab. I, n. 1. bey Braun erhellet. Das ganze Werk besteht aus 427 großen Foliobögen. Es hat keine Signaturen, Custodes, noch Seitenzahlen. Im Cat. Biblioth. Bolongaro - Creven. sind diese ersten sieben Zeilen der epist. Hieron. ad Paulinum in Kupfer gestochen:

 Rater ambrosius tua
 michi munuscula perfe
 rēs. detulit sil' et suauis-
 simas lras. que a principio
 amiciciarum. fidem probate
 iam. fidei et veteris ami
 cicie noua preferebant.

Der

---

*) P. Placidi Braun Notitia hist. litt. de libris Saec. XV impressis in Biblioth. Monast. ad SS. Vdalricum et Afram Aug. Vind. 1788. 4 mai. c. Tab. aen. p. 5. et 6. Panzeri Annal. typogr. Vol. I, pag. 69. Catal. Biblioth. Bolong. Crevennae, I, p. 16 seq.

**) Neue Nachr. von Künstlern und Kunstsachen, 1786. gr. 8. S. 231.

Der Pſalter ſchließt mit der 46ten Zeile der zwoten Columne des 215ten Blattes. Das alte Teſtament endigt ſich Fol. 342. Auf der vierten Columne eben dieſes Blattes fängt Matthäus an. Das Ganze endet mit der 42ſten Zeile auf der erſten Columne des letzten Blattes:

Gratia domini noſtri iheſu xpi cum omnibus vobis amen.

Die Typen ſind die nämlichen, wie Auguſtini Liber IV de doctrina chriſtiana, ſeu de arte praedicandi, und Ioh. Chryſoſtomi Homiliae LXII in Euang. Matthaei; und dieſe ſind menteliſche, wie der ſel. Steigenberger in ſeiner wichtigen Abhandlung über die zwo allerälteſte gedruckte deutſche Bibeln, S. 19 erwieſen hat. Beyde Bücher in klein Folio ſind in der nürnbergiſchen Stadtbibliothek, ſo wie beyde Bibeln ſelbſt.

In dem erſten Theile der von Herrn Morelli herausgegebenen Bibliotheca portatile degli Autori claſſici ſacri e profani, greci e latini (Venez. 1793. 8.) werden S. 245—249 zwölf ſolche Bibeln angeführt; allein bey den meiſten iſt bereits entdeckt, wo ſie gedruckt ſind, z. E. die Eggeſteiniſche u. a. und etliche davon ſind eine bloße Sage.

Von allen dieſen Bibeln in groß Folio wird der Anhang zum dritten Abſchnitte des fünften Hauptſtücks vom erſten (hoffentlich bald erſcheinenden) Theile der Geſchichte der Buchdruckerkunſt meines

meines verewigten Freundes, Herrn Breitkopfs, handeln, und die Wirklichkeit einer Bibel von 1450 prüfen. Ich unterhielt mit ihm bis an sein Ende einen sehr angenehmen Briefwechsel; ich ließ ihm etliche Holztafeln, (z. E. den Christoph von 1423) Zeichnungen, sinesische Blätter ꝛc. zu seiner Geschichte der Buchdruckerkunst zukommen. Ich hatte selbst in meiner Sammlung pergamentner Incunabulnblätter*) ein paar aus der ersten sogenannten sat. Bibel. Er schrieb mir am 4 Decemb. 1778: — „Es ist nicht allein die Schel„hornische, sondern auch die Berlinische und die „Schwarzische Bibel**) auf der hiesigen akademi„schen Bibliothek. Die Copien der ersten, so wohl „in der Schelhornischen Diatr. als in der jenaischen „gel. Zeitung, sehen dem Originale gar nicht gleich. „Ich habe keinen Glauben zu diesen Bibeln. Das „mir übersendete Pergamentblatt hat etwas ähn„liches davon; sie ists aber nicht. Ich danke ver„bindlichst dafür, und werde auch für das aus dem „Günther Zainerischen Catholicon 1468 verbind„lichst danken, und zu erwiedern suchen."

Vom Januar 1780: „Der mir anvertrau„te Abbruck von der ersten Seite des Psalters von „1457 samt der Unterschrift kommt mit vielem „Danke

*) Theils bekam sie Herr Breitkopf, theils Herr Enschede in Haarlem; der Rest ist jetzt in Paris. Ich sammlete sie alle von Büchereinbänden.

**) Diese in Schwarzii Diff. II, p. 5. de orig. typogr. beschriebene ist die Eggesteinische vom J. 1468.

„Danke zurück. Der Herr Hofrath Duve *) hat
„nicht die Vorsicht gebraucht, bey der Copie das
„anzumerken, was gedruckt,**) oder geschrieben sey,
„und daher hat Herr Meerman die über den Psalm
„geschriebenen, theils ausgekratzten und geänder-
„ten Zeilen mit in Kupfer stechen lassen, welches
„nicht seyn sollte. Musikalische Noten hat erst die
„Ausgabe von 1490 bekommen. Die Unterschrift
„des Psalters in den Mémoires de Litterature,
„T. XIV, p. 254 ist in der Uebersetzung durch
„den Kupferstecher sehr verstellt. Ich bin nicht
„willens, eine ganze Seite aus dem Psalter stechen
„zu lassen; ich habe aber eine Anzahl Zeilen von
„einer-

*) Er hatte aus seinem vollständigen sehr gut conser-
virten Exemplare des Psalters (es ist jetzt auf der
Universitätsbibliothek zu Göttingen) die erste Seite
durch den Kupferstecher Hering abzeichnen lassen,
und sie dem sel. Meerman übersandt, der solche von
A. J. Polack in Kupfer stechen ließ, und einem ange-
fangenen Werke de Typographia Moguntinensi beyfügen wollte. Er würde darinn viele Nachrichten
von der Guttenbergischen Buchdruckerey beygebracht haben, die er zu Maynz zu sammlen Gelegenheit hatte, und wozu ihm der Kurfürst selbst viele
Beförderungen leistete. Sein würdiger Sohn hatte
1778 die Gefälligkeit, mir einen Abdruck der Platte
zu übersenden.

**) Das Wort Euouae im Invitatorio enthält die
Vocalen vom Worte sEcVlOrVM AmEn; so wie
Noe Noster Omnium Emmanuel bedeutet. s. Za-
char. Porzigs beyfällige Gedanken und Anmerkungen von Zahlen und Abkürzungen §. 2. In den fort-
gesetzten Sammlungen von Altem und Neuem, auf
das J. 1733, im vierten Beytrage, S. 652 u. f.

Geschichte Bambergs.

„einerley Pfalm aus allen drey Ausgaben zeichnen
„laſſen, um den Unterſchied aller drey deutlich zu
„ſehen. Die Anfangsbuchſtaben habe ich alle zeich-
„nen laſſen, ſo wie die Unterſchriften und Schrift-
„arten, mit allen ihren vorkommenden Abbrevia-
„turen. Ich habe den Pſalter von 1457 ein gan-
„zes Jahr lang bey mir aus der freybergiſchen Bi-
„bliothek gehabt, und dadurch Zeit genug erhal-
„ten, ihn ſehr genau zu beobachten. Da ich die
„erſte Seite des freybergiſchen, und des wiener *)
„oder

---

*) Dieſes iſt das herrlichſte unter allen ſechs bisher
bekannten Exemplaren. Ich habe es 1758 und 1760
oft mit Bewunderung durchgeſehen. Es iſt voll-
ſtändig, von 175 Blättern, (ſo wie auch das maynzer) und ſo nett, als wenn es von der Preſſe käme.
Es iſt nicht das mindeſte hineingeſchrieben. Es war
in der Biblioth. des ungriſchen Königes Matthias
Corvins. Lambec. Comment. de Biblioth. Vindob.
L. II. p. 989. Deutſchland hat vier Exemplare, denn
das in der Prämonſtratenſerabtey Roth, welches
Schelhorn beſchrieb, wurde 1798 für 3000 Gulden
vom Könige von England gekauft. Es hat nur 143
Blätter, mit der Schlußſchrift: Prefens ſpalmor.
codex. So wie in dem Wiener Exemplare der erſte
Buchſtabe blau, und die Zierrathen roth ſind, ſo iſt
hier, wie auch, im freybergiſchen, und göttingiſchen,
das große B roth, und die Zierrathen ſind blau. Es
fehlen die übrigen 32 Blätter, nämlich Orationes,
Reſponſoria, Vigilien, Veſpern und Hymnen. Im
Exemplare der Nationalbibl. zu Paris fehlen die
letzten ſechs Blätter. Das göttingiſche hat nur 138
Blätter, das freybergiſche 137. Es fehlen 38 und
einige ſind beſchmiert und zerriſſen. Eine vierte
Ausgabe des Pſalters vom J. 1502 werde ich in
einem Theile meines neuen Journals zur Litteratur
und Kunſtgeſchichte beſchreiben.

„ober pariser abgeschrieben habe, so war mir es sehr
„lieb, auch diese (Duvische) zu sehen, da sie selbst
„zu erhalten fehlgeschlagen ist.

„Das Schreiben des Herrn P. Krismer *)
„hat mir viel Vergnügen gemacht, da es so viel
„mit meinen Meynungen von der Guttenbergischen
„Bibel übereinkommt, mit Herrn Schelhorns Vor-
„aussetzungen nicht zufrieden ist, und dem Cöllner
„Chronikenmacher wenig glaubt. Wenn er mei-
„ne Untersuchung des trithemischen Zeugnisses ge-
„lesen hätte,**) so würde ihm auch dessen Zeugniß
„verdächtig, und das Daseyn der Bibel von 1450
„noch weniger wahrscheinlich werden, oder seyn —
„Die Schelhornische Bibel ist auf der Pauliner
„Bibliothek; aber ihre Schrift ist sehr von den bey-
„den Schriftarten im Psalterio unterschieden, und
„kleiner, als alle beyde. Sie ist der Schrift am
„ähnlichsten, die in den Anfängen des Herbarii
„von Schöffern 1484 und hin und wieder in der
„Sächsischen Chronik 1492 vorkömmt, aber doch
„noch etwas in den Zügen der Buchstaben ver-
„schieden. Ich werde dem Herrn Schaffer Pan-
„zer von allen eine Abzeichnung senden, um ihn zu
„überzeugen, daß keine Faustisch-Guttenbergische
„Bibel in der Welt sey; ob ich gleich das Ge-
„heimniß nicht errathen kann, das zwischen dem
„Ablaß-

*) s. oben S. 264.
**) s. oben a. d. 268sten Seite.

Geschichte Bambergs.

„Ablaßbriefe von 1454*) und der Schelhorni-
„schen

*) In diesem Jahre druckten Guttenberg und Fauſt *Paulini Chappe* (nomine Pontif. *Nicolai* V) Litteras Indulgentiarum, datas *Gofrido Becker*, Presbytero Verdenſis Dioceſis, in Lunenborch. Anno Domini M. CCCC. L. *quinto* die uero uiceſima ſexta menſis Ianuarii, welchn Herr Schelhorn im ſechſten Stücke ſeiner Ergötzlichkeiten der Litteratur ꝛc. S. 378 f. ausführlich beſchrieben hat. Dieſes Wort iſt *quinto* geſchrieben, ſo wie mehrere Wörter in dieſem Ablaßbriefe. Herr Breitkopf bemerkte, daß zuvor das Jahr Liiij gedruckt war, man hatte aber die vier Einheiten ausgelöſcht, (die man noch wahr nimmt) und dafür *quinto* hineingeſchrieben. Heineken Idée générale d'une Collection complette d'Eſtampes, p. 261. Anmerk. (c) Das Exemplar bekam Herr Meerman. Ein vollſtändigeres fand der ſel. Prof. Gebhardi in Lüneburg in einem pergamentnen Octavbande, welcher die Melodien der Meßgeſänge enthält. Die Lettern dieſes Briefes ſind gegoſſen geweſen, ſo wie bey der erſten Bibel, und ob ſie gleich höckerigt ſind, wie alle Lettern der älteſten Bücher, ſo ſind doch einerley Buchſtaben einander völlig ähnlich. Die Verſalreihen ſind gerade, und gleich hoch. Der große Anfangsbuchſtabe U iſt auch ſchwarz, und nicht gemalt, wie in andern Büchern der Maynzer Officin, weil man in Urkunden gemeiniglich keine gemalten Buchſtaben gebrauchte. Herr Hofrath Häberlin hat dieſen Ablaßbrief in ſeinen Analekten drucken laſſen, und in der Vorrede ein Schreiben des Herrn Prof. Gebhardi darüber eingerückt. Ein anders eben ſo vollſtändiges Exemplar für einen Hohenlohiſchen Miles Heinrich Deupprecht, vom J. 1455 iſt im gemeinſchaftlichen Hohenlohiſchen Archive zu Oehringen. Deupprecht erhielt ihn wegen gegebener Beyſteuer zum Türkenkriege in Cypern, von eben dieſem *Paulino Chappe*, Conſiliario Ambaſiatore et Procuratore generali Sereniſſimi Regis Cypri etc. In der

„schen Bibel ist. Sollte denn kein Buch mehr zu
„finden seyn, in welchem die Schelhornische Bibel-
„schrift anzutreffen wäre? Ich habe ja die Bibel-
„schrift der Berlinischen Bibel gefunden, und wahr-
„scheinlich wird doch mit den Schelhornischen Ty-
„pen auch noch etwas anders, als die Bibel, ge-
„druckt seyn."

„Fahren Sie doch fort, mir in meinen For-
„schungen beyzustehen und die Furcht überwinden,
„die bey mir täglich über die Ausgabe meines
„Werkes anwächst. Ich sehe immer mehr, wie
„gefährlich es sey, eine Hypothese mit in derglei-
„chen Untersuchungen zu nehmen; man wird dabey
„gewissermassen blind, oder sieht die Sache falsch
„an und beurtheilt sie nach seiner Voraussetzung.
„Wie bald aber fällt nicht so ein Gebäude über
„den Haufen? Leyder besteht der größte Theil un-
„serer bisherigen Buchdruckerey-Geschichte aus
„dergleichen Gebäuden, und wer weis, ob nicht ein
„paar Balken mit davon in mein neues eingeflickt
„worden

der Unterschrift: Datum *Wurzpurg* anno Domini
M. CCCC. LV. die uero *septima* mensis *Martii*, sind
die Worte *Wurzpurg, septima,* und *Martii* geschrieben. Er steht ganz in Wibels Hohenlohischer Kir-
chenhistorie, III Th. S. 132 ꝛc. auch in Hansel-
manns weiter erläuterten und vertheidigten Lan-
deshoheit des Hauses Hohenlohe, S. 335, aus welchem Werke ihn Reinhard den Beylagen zum ersten Theile seiner Geschichte von Cypern num. LXIX,
S. 102 beydrucken ließ.

„worden sind, daß mein Bau endlich auch baufällig
„werde, ehe er fertig wird."

Vom 12 April 1783: „Wenn Herr Panzer
„seine Schelhornische Bibel verkaufen will, so
„wünschte ich den Preiß erfahren zu können. Nach
„meiner Meynung ist keine Bibel von 1450 je-
„mals gewesen. Ich habe Herrn Panzer meine
„Abhandlung darüber zum Durchlesen gesendet;
„er hat aber so viele Einwendungen gemacht, die
„wohl ein Gelehrter, aber nicht ein Buchdrucker,
„machen wird: sie zu widerlegen war zu weitläuf-
„tig. Marchand wußte so viel von Druckerey, und
„dennoch machte er schiefe Urtheile in dem practi-
„schen Fache."

Es ist jetzt Zeit, wieder auf die Bambergischen
alten Drucke zu kommen.

1462.

2. Ein deutsches Geschichtbuch, das der sel.
Steiner entdeckt hat.*) Mit den nämlichen Typen, wie das Fabelbuch. Der Schluß heißt:

Dē püchlein ist sein ende gebē
Tzu Bambergk in der selbē stat
Das Albrecht Pfister gedrucket hat
Do man zalt tausend uñ vierhundert iar
Im zwey und sechzigsten das ist war.

In Nürnberg lebte in der Bindergasse ein
Apotheker, Albrecht Pfister, (geb. 1500, gest. 1569)
dessen

---

*) Es ist auch davon ein Exemplar in der Karmeliten-
bibliothek zu Wirzburg. Schneidawind, S. 242.

dessen Bildniß Georg Fentzer in Schwarzkunst verfertigte, in Halbfigur in 4. Unten steht: Albrecht Pfister, Apotheker in Nürnberg. Nat. Anno 1500. Den. A. 1569. Er wurde, wie mich Herr Panzer belehrte, 1555 den 16 Jul. mit Anna Brymmin in der Sebalderkirche copulirt.

Könnte dieser Mann nicht ein Enkel des Bambergischen ersten Druckers gewesen seyn? Ich habe vergeblich nachgeforschet. In meinem Exemplare von *Antonii Musae Brasauoli* Examine omnium Syruporum; Lugd. 1546. 12. ist dessen Sohn zu lesen: Sum Christophori Pfisteri pharmacopolae.

Zuverläßig sind mehr Sachen von Albrecht Pfister gedruckt worden, wenn man ihn auch mit Herrn Panzer*) für einen durchreisenden Buchdrucker halten will, dergleichen mehrere damals aus Guttenbergs und Fusts Officinen ihre Kunst auszubreiten suchten, wie bey uns Heinrich Refer.**)

Es ist sehr sonderbar, daß nachher kein bambergisches Buch mehr vorkommt, als das auf dem Mönchsberg gedruckte

1481

---

*) Annal. typogr. Vol. I, p. 142.

**) Er kommt vom J. 1473—1480 in den Nürnbergischen Bürgerbüchern, a parte S. Sebaldi, so wie Joh. Sensenschmidt von 1476 und 1477 a parte S. Laurentii vor. Man sehe oben, S. 132.

1481

3. Miſſale diuinum ſacerrimi ordinis be. Benedicti; *per iohannem ſenſenſchmidt in montis monachorum loco penes nobilem urbem Babenbergenſem Anno a partu uirginis ſalutifero* M. CCCC. LXXXI. die XXXI. Iulii. Mit Miſſaltypen, in 2 Columnen. 257 Blätter. In Folio.

In bibl. Collegii ad D. Aegid. Norimb.

4. Leben der natyrlichen Meiſter in Verſen. Bamberg, 1481. In Quart. Engels Biblioth. ſel. P. II, p. 23. Dieſe Ueberſetzung iſt vielleicht aus Humphrey Burley Vitis philoſophorum überſetzt?

5. Breuiarium Friſinganum. Pars hiemalis per Henricum Petzenſteiner et Io. Senſenſchmidt Babenberge. 4. *Seemiller* Faſc. II, p. 112.

1482.

6. Breuiarii Friſingenſis Pars hyemalis. *per eoſdem. Anno* 1482 *Kal. uero nouembr.* 16 *impreſſum finit.* 4 min.

Herr Heidegger in Zürich beſitzt es.

1484.

7. Liber horarum canonicarum: ſecundum nouam Imperiälis Eccleſie Bambergenſis rubricam. per eoſdem. 1484 *menſis februarii die uiceſimo primo.* 357 Blätter in Folio. Denis Suppl. p. 185. Herr Schaffer Panzer hat es.

8. Obsequiale Frisingense, durch eben diese gebruckt. 64 Kleinquart-Blätter.

9. Breuiarium Bambergense; per eosdem. 1484. *quarto ydus Septembris.* 8.

1487.

10. Missale Ecclesiae Frisingensis. *Liber missalis per magistrum iobannem Senfenschmidt de Babenberga.* 1487 *secundo uero Kal. Septembris impressus finit feliciter.* fol. mai.

1488.

11. Missale Olomucense; per eundem. *ductu et expensis Petri Trachen* *) *ciuis Spiren.* 1488 *quarto uero nonas marcii finit feliciter.* fol. mai.

1490.

12. Liber Missalis Bamberg. 1490 *Nono uero Kal. Aprilis. — In ciuitate Babenbergn. Per magistrum Iobannem Senfenschmidt. prefate ciuitatis incolam et Henr. petzensteiner quam diligentissime impressus.* finit feliciter. 287 Blätter in groß Folio. Herr Panzer besitzt dieses Missal. Auf Pergament ist es in der Dombibliothek zu Bamberg.

1491.

13. Statuta Synodalia — — in ecclesia Bambergensi celebrata. Lecta et publicata. *Anno*

---

*) Erhard Christoph Baur Primitiae typographicae Spirenses. Speyer, 1764. 8. Obiges Buch in Drachens Verlag war ihm unbekannt.

Anno dni — — 1491. Mensis Maii. XII Kal. Iunii impressus. Finit feliciter. In folio.

14. Reformatio iudicii decanatus ecclesie Bambergens. Mit eben diesen Typen gedruckt, mit dem Bischöflichen Wappen. In Fol.

1492.

15. Breuiarium Bambergense. 8. Denis Suppl. p. 322.

16. Ein hübß neues gedicht, das itzund von der werlt lauff spricht; durch Hanßen (Pfeyl) in Bamberg.

1493.

17. Von keiser karls recht. — — Von meister Hansen puchtrucker zu Bamberg hinter sant Martins kirchen. Im xCiij. iar. In Quart. Ein Bogen. Unter dem Titel steht ein grober Holzschnitt. Ein Lied, wie die folgenden.

18. Die Histori von dem grafen in dem pflug. — Getruckt zu Bamberg Im iij vnd xC Jare hinter sant merty. In Quart. Zween Bogen stark.*)

19. Des Edlen Ritter Morgeners walfart in sant thomas land. — Am Ende: Gedruckt von meister Hannsen zu Bamberg hinder sant Mer-

---

*) Hanns Sporer zu Erfurt hat sie 1495 nachgedruckt. ſ Heinecken Idée générale d'une collection complette d'Estampes, pag. 422. Es muß sowohl daselbst, als auch bey Panzer, S. 220 der Annalen der ältern deutschen Litteratur, gelesen werden gesangweiß, und Im XCV Jare.

Mertein Anno domini 1493. In Quart. Auf dem Titel ist ein Holzschnitt. Ohne Seitenzahlen, Custos, und Signaturen.

20. Ein trefflichs wunderzeichen des heiligen Zwelfpoten sant Thome in India. Am Ende steht folgendes: Diese liebliche Hystori der mirakel — hat getruckt meister Hanns Briefmaler zu Bamberg gesessen in der Frawengassen hinter sant Mertein. Am abent des Heiligen Pisschoffs vnd nothelffers Sant Nicklas. Im jar nach der gepurt Cristi vnsers Herren Tausent vierhundert vnd drii und neunzig. 4. Ein Bogen. Auf dem Titelblatt ist ein Holzschnitt, welcher das besungene Mirakel vorstellt.

21. Vom. kinig. im. pad. den. sein. gewalt. genumen. war. Am Ende: Getruckt zu Bamberg. Hinter sant Merty. von Hansen*) puoch Drucker. Im. iij. vnd. xC. Jare. an sant Lorenzen Abet. In Quart. Zween Bogen stark, mit 5 Holzschnitten.

22 Der paurn lob. Ohne Anzeige des Druckorts. Vermuthlich ebenfalls zu Bamberg. 4. Ein Bogen, mit einem Holzschnitte.

23. Von dem man im garten. — — Gedruckt zu Bamberg. Im xCiij Jare. In Quart. Ein Bogen, mit einem Holzschnitte.

24. Der Pfennigmünzer. Ein Gesang. Durch Hanßen in Bamberg. 1493. 4.

25. Die

*) Pfeyl.

25. Die erschöpfung des ersten menschen Adams (In Prosa.) — Getruckt zu Bamberg im. xCiij. iar. In Quart. Ein Bogen mit einem Holzschnitte.

26. Lucifers mit seiner gesellschaffte vall. — — Getruckt zu Bamberg von meyster Hansen hinter sant Merrein. xCiij. In Quart.

27. Hierin vindet man die vrsach wodurch alle hendell yetz in dieser welt verkert vnd verderbt werden.*) — — Gedruckt vnd volendet in der werden stat bamberck Uon Marxen ayrer Und Hanssen Bernecker in der Zinckenwerd Im Lxxxxiiij. Jare. In Quart. Der Verfasser nennt sich Conz Has.

1495.

28. Breuiarium Ratisbonense. Pars hyemalis et aestiualis. In fine praefat. partis hyemalis: *Impressum diligenter ac finitum Anno dni. 1495 sexto uero ydus Octobris.* Hanns Pfeyl war der Drucker.

1497.

29. Missale Ratisbonense. — — *Anno incarnationis dominice MCCCCXCVII. tertio vere ydus decembris. liber missalis. in ciuitate Babenbergen. per magistrum Iohannem pfeyl impressus finit feliciter.* in fol. Denis Suppl. p. 432.

30. Ein

---

*) Sollte man nicht glauben, es sey diese Schrift 1799 gedruckt?

30. Ein Fießier Büchlein; durch Hanßen Briefmaler zu Bamberg 1497. 4. Breitkopf über die Geschichte der Erfindung der Buchdruckerkunst, S. 35. (i)

1498.

31. Breuiarium Bambergense. Pars hyemalis et aestiualis. In fine partis hyemalis: — *Industria ac impensis Iohannis Pfeyl. Anno incarnationis dominice* 1498. *Nono vero Kalendas Decembris Babenberge impressa. Finit feliciter.* 8. 2 Tomi. Schwindel Thesaur. biblioth. 4 B. S. 6.

1499.

32. Liber Missalis secundum ordinem ecclesie Bambergensis. 304 Blätter in Folio. *Anno incarnationis dominice MCCCCXCIX. quarto vero Kalendas Junii. — — In ciuitate Babenbergen. Per magistrum Johannem pfeyl prefate ciuitatis incolam. quam diligentissime impressus. Finit feliciter.* Mit Missalbuchstaben, in Fol.

Herr Panzer hat dieses Missal. Es wurde 1507 von eben diesem Pfenl wieder aufgelegt. Sinceri (Schwindels) Nachrichten von lauter alten und raren Büchern, V St. S. 294 u. f.

Ob Agenda Bambergensia, ohne Meldung des Ortes und ohne Jahrzahl, im XV Jahrhunderte gedruckt sey, kann ich nicht sagen. Es befindet sich davon ein Exemplar auf Pergament in der Bibliothek des Domkapituls.

Zusätze.

Zusätze.

S. 4, Z. 17 add. (Melch. Inchoferi) S. Henricus Imperator Augustus, Bauariae Dux XXXI, religionis, prudentiae, fortitudinis, caſtimoniae, clementiae aliisque heroicis exemplis praeclarus, admirationi et imitationi recens propoſitus a quodam Societatis Ieſu ſacerdote. Dilingae, formis academicis. 1648. 4.

S. 19. Z. 16 add. C. M. Plümicke's Briefe auf einer Reiſe durch Deutſchland im J. 1791. 2ter Th. Liegnitz, 1793. 8. S. 82—87.

J. L. von Heß Durchflüge durch Deutſchland, die Niederlande und Frankreich. 3ter Band, 2te Auflage, Hamburg, 1796. 8. S. 66—140. S. 75 wird irrig, ſo wie im Journal von und für Franken, die traurige vor etwa 40 Jahren ſich eräugnete wirzburgiſche Capuzinergeſchichte

schichte D. Anianus Horns dem bambergischen Kloster zugeschrieben, das doch ganz unschuldig ist an dieser Unmenschlichkeit.

S. 28, Z. 13. In Ioannis Rer. Moguntiacar. T. I, p. 419 seq. werden von dieser Verrätherey Gründe für und wider Hatto beygebracht. Wenn man dem Zeugnisse des Regino, als dem einzigen allen andern widersprechenden, Glauben beymißt, wie auch Schaten (Annal. Paderborn. L. III, p. 239) und Eckhart, (de reb. Franciae orient. T. II, p. 811 seq.) und Gatterer (de Ludou. Inf. p. 13.) gethan haben, so ist freylich Hatto ganz unschuldig. Regino Chronici L. II, ad a. 905, p. 72 schreibt also: Egino, qui Adalberti indiuiduus comes in omni prauitate exstiterat, ab eius societate defecit, et cum omnibus suis ad Regis castra transiit. Protracta paullo prolixius obsidione, fractus animo Adalbertus ad callida argumenta conuertitur, et omni ingenio excogitari coepit, qua arte obsidio solueretur, ut, exercitu ad propria remante, optata libertate, potius ipse, cum sibi fauentibus, dolos, quos in pectore uouebat, longe lateque effundere posset. Portis itaque apertis a munitione exiens cum perpaucis, ultro se Regi obtulit, supplex ueniam de commissis expostcit, emendationem promittit. Sed cum fraus, quae struebatur, suis prodentibus fuisset detecta, custodiae mancipatur,

et

Zusätze.

et in praesentia totius exercitus manibus uinctis adductus, omnibus adiudicantibus, capitalem sententiam suscepit. VIdus Septembr.

S. 72, Z. 4 add. Bamberg zählt 2156 Feuerstellen.

S. 73, Z. 9 add. Es ist im Arbeitshause eine Baumwollenspinnerey angelegt; auch werden von den Züchtlingen ströherne Wassereimer verfertigt.

S. 79, Z. 22. Leo Ostiensis behauptet, Clemens II sey nicht in Rom gestorben, sondern der Kaiser habe ihn mit sich nach Deutschland geführt. Wagenseil de Romanis Pontificibus, ex Germanorum gente creatis, pag. 23. Cf. Hoffmann. Annal. Bamberg. ap. Ludew. Vol. I, col. 70. und col. 371. Dieser Papst ordnete, daß die Bischöffe Bambergs unmittelbar unter dem römischen Stuhl stehen sollen.

S. 127, Z. 1. add. Matteo Ricci und Johann Adam Schall in Sina, Riccioli, Deschales, Tacquet, Caspar Schott, Christian Mayer, Lecchi, Belgrado, Huberti, Tiraboschi ꝛc.

S. 154, Z. 24. Ueber dem Lamme steht Maria mit der Aufschrift: MAT TH̅ (Μητηρ Θεου, Mater Dei) Diese Figur ist auf der großen Kupfertafel des Kreuzes,

Litt. E. in den Actis SS. Iul. T. III, S. 785, §. 85 abgezeichnet. Ich muß noch anmerken, daß es im 83sten §. daselbst Z. 21 heißen muß Caesar pius, und §. 85. Z. 23 an statt aduersa, auersa.

Inhalt.

Inhalt.

Verzeichniß der vorzüglichsten Schriften, welche Bamberg betreffen.	S. 3
Topographie.	21
I. Bambergs Lage.	24
II. Geschichte. Ursprung.	25
Von K. Heinrich und Kunegund.	29
Chronologisches Verzeichniß der Fürstbischöfe.	46
III. Bambergs Eintheilung.	52
IV. Siegel.	53
V. Münzen.	54
VI. Politische Verfassung.	64
Geheime Hofkanzley.	65
Vicariat.	66
Oberstes Justiz- und Landesregierungs-Collegium.	68
Lehenhof.	ibid.
Malefizamt.	ib.
Landgericht.	ib.
Hofkriegsrath.	70
Stadtrath.	ibid.
Volksmenge.	71
Consumtion.	72
Handel, Fabriken.	ibid.
Maas.	74
Verlagshandlungen.	ib.
Buchdruckereyen.	ib.

Gelehrte.

Inhalt.

Gelehrte.	S. 75
Charakter.	76
Kupferwerke.	ibid.
VII. Geistliche Gebäude.	
Kirchen und Klöster.	
Die Domkirche.	79
Der Domschatz.	92
Die Klosterfrauenkirche zum heil. Grabe.	119
Die Mariahülf-Kapelle.	ib.
Das Collegiatstift St. Gangolph.	120
Das bischöfliche Seminarium.	121
Die Pfarrkirche von St. Martin.	122
Der Spital.	125
Die Kirche der Klosterfrauen zu St. Clara.	ibid.
Die Universitätskirche.	ibid.
Das Institut der englischen Fräulen.	128
Die Capuzinerkirche.	129
Das Dominikanerkloster und Kirche.	ib.
Das Kloster der Franciscaner.	134
Die Marienkapelle in der Judengasse.	136
Das Collegiatstift von St. Stephan.	137
Die Marienkirche zur obern Pfarre.	145
Die Benedictinerabtey St. Michaels, auf dem Mönchsberge.	149
Das Karmelitenkloster.	158
VIII. Weltliche Gebäude.	
Das fürstbischöfliche Residenzschloß.	173
Die Universität.	ib.

Die

Inhalt.

Die Ingenieur- und Zeichnungsakademie, S.	177
Das Rathhaus.	178
Das Marianische Hospitium.	ib.
Das Schullehrerseminarium.	179
Das Aufseeßische Seminarium.	ib.
Das neue Krankenhaus.	180
Das Waisenhaus.	182
Jetztlebende Bambergische Künstler.	183
Privatsammlungen.	187

Anhang.

I. Von der Rednitz.	189
II. Descriptio Codicum a S. Henrico Imp. Aug. Ecclesiae Bambergensi donatorum. In Sacrario Templi Cathedralis. In membranis.	213
III. Descriptio Codicum membranaceorum. In Bibliotheca cathedrali.	229
IV. Aelteste Buchdruckerey-Geschichte Bambergs.	251
Zusätze.	287

Folgende Druckfehler beliebe man also zu verbessern.

S. 4. Z. 1. siue Kunegundis. S. 24. Z. 6. l. nördlicher Breite.

S. 6. Z. 16. l. Pfeyl.

S. 97. Z. 12 l. bambergischen Kreuze.

S. 104. Z. 12 l. Sie hat. Z. 13 l. ist sie.

S. 160. Z. 23. l. commorantem.

www.ingramcontent.com/pod-product-compliance
Lightning Source LLC
Chambersburg PA
CBHW022026240426
43667CB00042B/1204